곤충의 내부를 보여 주는
사실적 입체적 3D 컴퓨터그래픽 과학 백과
곤충과 거미

잔 스트래들링 글
영국에서 태어나 7년 동안 홍콩에서 초등학생을 가르쳤습니다.
그 후 오스트레일리아와 뉴질랜드의 디즈니 방송 채널 제작 부장으로 지내면서
많은 어린이 프로그램을 만들었습니다. 텔레비전용 어린이 영화 시나리오 한 편을
공동 집필했으며, 여러 권의 어린이 책과 두 권의 성인용 논픽션을 썼습니다.
지금은 자유기고가로 글을 쓰면서 텔레비전 방송 제작자로 일하고 있습니다.

로빈 카터 외 그림
세계 유명 예술 대학에서 공부하고, 오랫동안 삽화를 그려 온 25명의 미국,
영국, 독일, 이탈리아, 오스트레일리아의 화가들이 공동 작업을 하였습니다. 모든
그림은 정확한 연구 자료를 바탕으로, 최첨단 3D 컴퓨터그래픽으로 입체적이고
정교한 효과를 살려 표현했습니다. 또한 모든 그림은 전문가의 감수를 받았습니다.

김소정 옮김
하루의 반을 책을 읽으며 보내고 싶다는 꿈을 간직한 번역가입니다.
또 한 가지 꿈이 더 있다면 「갈리아 전기」를 라틴어로 읽는 것입니다.
그동안 「전략의 귀재들, 곤충」으로 한국출판문학상 번역 부문 본심에 올랐으며,
「뭐라고? 이게 다 유전자 때문이라고?」「내 DNA를 가지고 대체 뭘 하려는 거지?」
「크기의 과학」「나는 한국에서 어른이 되었다」 등을 번역하였습니다.

김성수 감수
경희대학교 생물학과와 같은 대학 대학원에서 곤충학을 연구하였습니다.
한국곤충학회 이사·한국나비학회 부회장·동아시아 환경생물연구소 소장으로
일하면서, 나비와 나방, 잠자리 등 여러 곤충에 대한 집단 분류학이나 온난화에 따른
곤충 분포 변화를 연구하고 있습니다. 「한국산 겨울자나방의 분류학적 연구」 외 70여 편의
논문을 국내외 학술지에 발표하였으며, 「한국의 나비」「우리 나비」「한국의 자나방」
「우리가 알아야 할 나비 백 가지」「세계 곤충도감」 등 많은 저서를 통해 아이들에게
곤충에 대한 지식과 환경 파괴에 따른 문제점을 알려 주고 있습니다.

2022년 3월 25일 1판 2쇄 **펴냄** 2021년 1월 25일 1판 1쇄 **펴냄**
펴낸곳 (주)효리원 · **펴낸이** 윤종근 · **글쓴이** 잔 스트래들링 · **그린이** 로빈 카터 외 · **옮긴이** 김소정 · **감수** 김성수
등록 1990년 12월 20일 · **번호** 2-1108 · **우편 번호** 03147 · **주소** 서울시 종로구 삼일대로 457, 406호
전화 02)3675-5222 · **팩스** 02)765-5222
잘못 만들어진 책은 구입하신 서점에서 바꾸어 드립니다. · **ISBN** 978-89-281-0695-0 74450
이메일 hyoreewon@hyoreewon.com
홈페이지 www.hyoreewon.com

INSECTS & SPIDERS
Copyright © Weldon Owen Pty. Limited www.weldonowen.com
All rights reserved. Korean Translation Copyright © 2010 by Hyoreewon Publishing Co., Ltd.
Korean edition is published by arrangement with Weldon Owen Pty Ltd through The ChoiceMaker Pty Ltd.
이 책의 한국어판 출판권은 초이스메이커코리아를 통해 Weldon Owen Ltd와 독점 계약한 (주)효리원에 있습니다.
신 저작권법에 의해 한국 내에서 보호를 받는 저작물이므로 무단 전재와 무단 복제를 금합니다.

곤충의 내부를 보여 주는

곤충과 거미

잔 스트래들링 글 · 로빈 카터 외 그림 · 김소정 옮김

김성수(한국곤충학회 이사) 감수

곤충의 내부를 보여 주는

사실적 입체적 3D
컴퓨터그래픽 과학 백과

곤충과 거미

감수자의 말

이 책은 어린이 눈높이에 맞춘 곤충과 거미 백과입니다.
지구 동물의 4분의 3을 차지하는 곤충과 거미를 알기
쉽게 잘 꾸며 놓았지요. 특히 곤충의 신기하고 놀라운
능력에 초점을 맞춰 설명한 점은 탁월합니다.

이야기도 쉽지만, 곤충과 거미의 특징을
3D 컴퓨터그래픽으로 그려 사실적이면서 입체적인
시각 효과를 느낄 수 있습니다. 특히 곤충과 거미가
먹이를 소화하고, 숨쉬고, 혈액이 이동하는 모습을
무척 정교하게 그려 몸속을 직접 들여다보는
것처럼 생생한 느낌을 전해 줍니다.

책장마다 곤충 잔치를 벌인 듯 흥미롭게 구성되어 있는
「곤충의 내부를 보여 주는 사실적 입체적 3D 컴퓨터그래픽 과학 백과 **곤충과 거미**」!

우리나라 토종 곤충을 비롯하여 외국 곤충들까지 소개하고
있어 어린이들에게 세계적 안목을 키우는 좋은 계기를
마련해 줄 것입니다.

한국곤충학회 이사 김성수

애벌레는 턱이 아주
튼튼해서 질긴 잎사귀도
쉽게 자를 수 있어요.

차례

- 16 곤충은 어떻게 생겼을까?
- 18 애벌레
- 20 모습이 변해요
- 24 나비와 나방
- 26 흉내쟁이 나비
- 28 잠자리
- 30 잠자리의 한살이
- 32 등에
- 34 말벌
- 38 꿀벌
- 42 꽃등에
- 44 소등에
- 47 공동체 생활
- 48 개미
- 50 흰개미
- 52 송장헤엄치개
- 55 물속 세계
- 56 사마귀
- 58 메뚜기
- 63 꽃사마귀
- 65 매미
- 66 거미는 어떤 동물일까?
- 68 거미의 몸속
- 70 깡충거미
- 72 무당거미
- 77 타란툴라
- 78 붉은등과부거미
- 80 문닫이거미
- 82 곤충을 먹는 식물
- 84 딱정벌레
- 87 길앞잡이
- 88 벼룩잎벌레
- 90 무당벌레
- 93 헤라클레스장수투구벌레
- 94 쇠똥구리
- 96 용어 설명

- 곤충 이야기
- 날개 달린 곤충
- 기타 곤충
- 거미
- 딱정벌레

곤충은 어떻게 생겼을까?

곤충은 우리 주변에서 흔히 볼 수 있는 동물이에요. 딱딱한 껍데기가 몸 밖을 감싸고 있는데, 이 뼈를 외골격이라고 불러요. 곤충은 몸이 머리, 가슴, 배 세 부분으로 나뉘어요. 머리에는 뇌와 눈, 입, 두 개(한 쌍)의 더듬이가 있어요. 가슴에는 여섯 개(세 쌍)의 다리와 네 개(두 쌍)의 날개가 붙어 있어요. 배에는 소화 기관과 생식 기관이 있으며, 간혹 침이 달린 경우도 있어요.

거미, 가재, 새우, 게, 전갈, 지네, 진드기, 응애 등은 곤충이 아니에요. 왜냐하면, 거미, 전갈, 진드기는 다리가 여덟 개이고, 지네 중에는 다리가 4백 개나 되는 것도 있기 때문이에요. 곤충은 다리가 여섯 개라는 것을 잊지 마세요.

나비

더듬이 화학 물질이나 열, 진동 같은 자극을 느껴요.

나나니

배

머리

가슴

거미

전갈

입 모기의 입은 바늘처럼 생겨 찌르기가 쉬워요.

모기

16 곤충과 거미

애벌레

턱
애벌레는 열심히 먹어요. 턱이 아주 튼튼해서 질긴 잎도 거뜬히 자를 수 있어요.

머리

가시
무서운 곤충과 새들이 애벌레를 잡아먹어요. 이 애벌레는 적들을 쫓기 위해 가시를 만들었어요. 공격을 받으면 애벌레는 벌떡 일어나 가시를 세워요.

가슴

곤충은 모두 알에서 태어나요. 알에서 태어난 아기 곤충은 아직 날개도 없고 몸이 말랑말랑해서 애벌레라고 불러요. 그중에서도 나방 애벌레는 몸에 털이 많아요.

애벌레의 가슴에는 세 쌍의 다리가 있고, 배다리라고 부르는 가짜 다리도 다섯 쌍이 있어요. 배다리는 다리라기보다는 볼록 튀어나온 살처럼 보여요. 잠시도 쉬지 않고 잎을 먹는 애벌레는 다 자랄 때까지 여러 번 껍질(허물)을 벗어요. 어느 정도 시간이 지나면 애벌레는 성충(어른벌레)이 되기 위해 번데기로 변해요. 애벌레는 자신을 보호해 줄 단단한 고치를 만드는데, 고치 속에 번데기가 들어 있어요. 고치 속에서 애벌레가 어른 나방으로 변하면 고치를 뚫고 밖으로 나온답니다. 애벌레가 성충이 되는 데는 보통 1~2주 걸려요.

완전 탈바꿈을 하는 곤충은 아주 많아요. 파리의 애벌레는 구더기라고 하지만, 딱정벌레의 애벌레는 색다른 곤충처럼 보여요.

딱정벌레 애벌레

구더기

날개 달린 곤충 : 애벌레 **19**

모습이 변해요

곤충은 암컷과 수컷이 만나 짝짓기를 하면 암컷이 알을 낳아요. 알은 여러 단계를 거쳐 어른벌레로 변해요.
알→애벌레→번데기→어른벌레 순으로 변하면 '완전 탈바꿈',
알→애벌레→어른벌레 순으로 변하면 '불완전 탈바꿈'이라고 해요.

알을 깨고 나온 애벌레는 끊임없이 먹어요. 다 자라기 전에 여러 번 껍질을 벗어요.

마지막 껍질을 벗은 애벌레는 잎 뒤에 매달려 아름다운 번데기로 변해요.

어른벌레(성충)가 된 나비가 번데기를 뚫고 나오면 텅 빈 껍데기만 잎에 매달려 있어요. 날개를 활짝 펴려면 날개 속으로 피가 들어가야 해요. 젖은 날개를 활짝 펴고 말리면 자유롭게 날 수 있어요.

마침내 멋진 나비가 되어 훨훨 날아요.
나비처럼 알→애벌레→번데기→어른벌레의
순서로 '완전 탈바꿈'을 하는 곤충에는 모기,
파리, 벌 등이 있어요.

날개 달린 곤충 : 모습이 변해요

나비와 나방

나비와 나방은 같은 점이 많아요. 둘 다 **완전 탈바꿈**을 하고, **대롱**처럼 생긴 **입**으로 먹이를 빨아 먹어요. **앞날개**와 **뒷날개**가 각각 한 쌍씩 있다는 것도 같아요. 하지만 다른 점도 있어요. **나비**의 더듬이는 끝이 볼록하게 생겼지만, **나방**의 더듬이는 볼록한 부분이 없어요. 또 밝고 선명한 **날개**를 가진 나비는 **낮**에 활동하지만, 칙칙한 날개를 가진 나방은 **밤**에 활동을 해요.

색
날개의 색은 나비마다 달라서 그것으로 서로 구별을 할 수 있어요. 또한 날개의 무늬는 적을 겁주어 쫓는 역할도 해요.

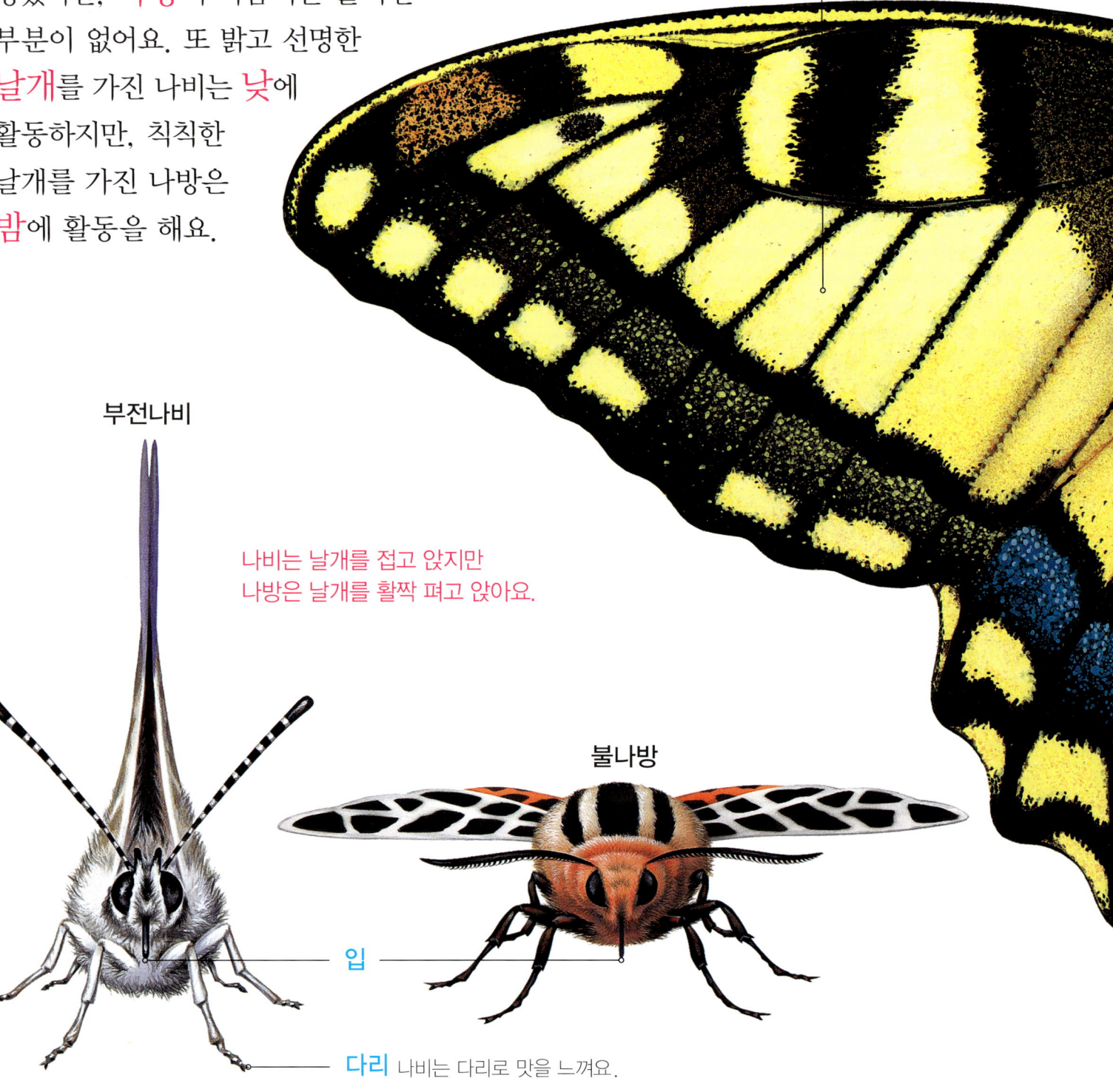

부전나비

나비는 날개를 접고 앉지만 나방은 날개를 활짝 펴고 앉아요.

불나방

입

다리 나비는 다리로 맛을 느껴요.

24 곤충과 거미

더듬이
나비의 더듬이는 냄새를 맡고, 길을 찾고, 균형을 잡는 감각 기관이에요.

앞날개

뒷날개
호랑나비의 뒷날개에는 길게 뻗은 꼬리돌기가 있는데, 마치 제비 꼬리처럼 생겼어요.

눈꼴무늬
날개에 눈알처럼 생긴 무늬가 있는 나비와 나방이 아주 많아요. 이 무늬 덕분에 날개가 마치 커다란 동물의 얼굴처럼 보여요. 잡아먹으려고 왔던 포식자들은 이 무늬를 보고 깜짝 놀란답니다.

날개 달린 곤충 : 나비와 나방

흉내쟁이 나비

나비와 나방이 살아가는 데 날개의 색과 무늬는 무척 중요해요.
다른 동물 흉내내기는 나비와 나방이 포식자를 피하는 좋은 방법이에요.
그림의 나비는 독이 있는 다른 나비를 흉내 내고 있어요.
사실은 독이 전혀 없는 나비인데도 새들은 깜빡 속고 말지요.

곤충들은 포식자를 쫓기 위해 붉은색이나 주황색, 노란색 같은 화려한 색을 띠어요. 자연에서 화려한 색이나 무늬는 독이 있거나 맛이 끔찍하다는 것을 뜻해요.

오점무당벌레

열점박이알락나방

열점박이무당벌레

26 곤충과 거미

나비를 유혹하는 꽃
화려한 색의 꽃잎은 나비에게 달콤한 먹이가 있음을 알려 주지요. 나비는 우리가 보지 못하는 색을 볼 수 있어요.

독나비처럼
위장한 나비

날개 달린 곤충 : 흉내쟁이 나비

잠자리

강한 턱과 튼튼하고 투명한 날개를 가진 잠자리는 무시무시한 사냥꾼이에요. 어떤 곤충보다도 재빠르고, 뒤로 날거나 갑자기 멈출 수 있으며, 헬리콥터처럼 한곳에 오랫동안 머물 수도 있어요. 또한 하늘을 나는 곤충도 거뜬히 잡아챌 수 있답니다. 잠자리는 커다란 겹눈이 두 개 있는데, 각각의 겹눈은 2만 8천 개나 되는 낱눈으로 이루어져 있어요. 이 겹눈 덕분에 잠자리는 동시에 모든 방향을 볼 수 있어요. 겹눈 말고도 홑눈이 세 개 있는데, 홑눈은 몸의 균형을 잡는 일을 해요.

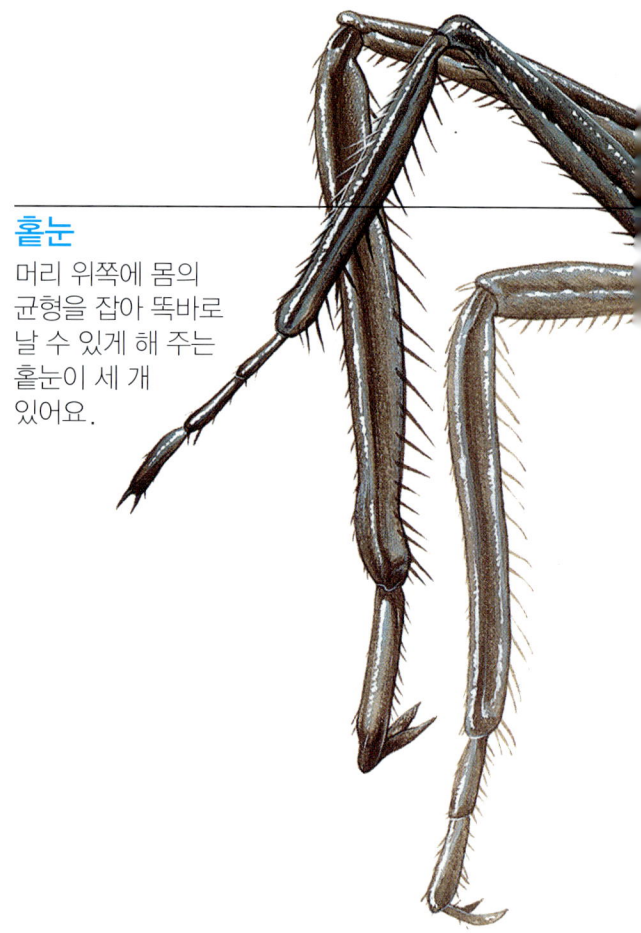

겹눈
겹눈을 이루고 있는 수천 개의 낱눈은 모두 제각각 다른 방향을 볼 수 있어요.

홑눈
머리 위쪽에 몸의 균형을 잡아 똑바로 날 수 있게 해 주는 홑눈이 세 개 있어요.

하나 더 알아보기!
벌, 나비, 나방을 포함한 대부분의 곤충은 모든 날개를 동시에 움직여서 날아요. 하지만 딱정벌레처럼 뒷날개만 움직이는 곤충도 있어요. 파리는 날개가 한 쌍뿐이에요.

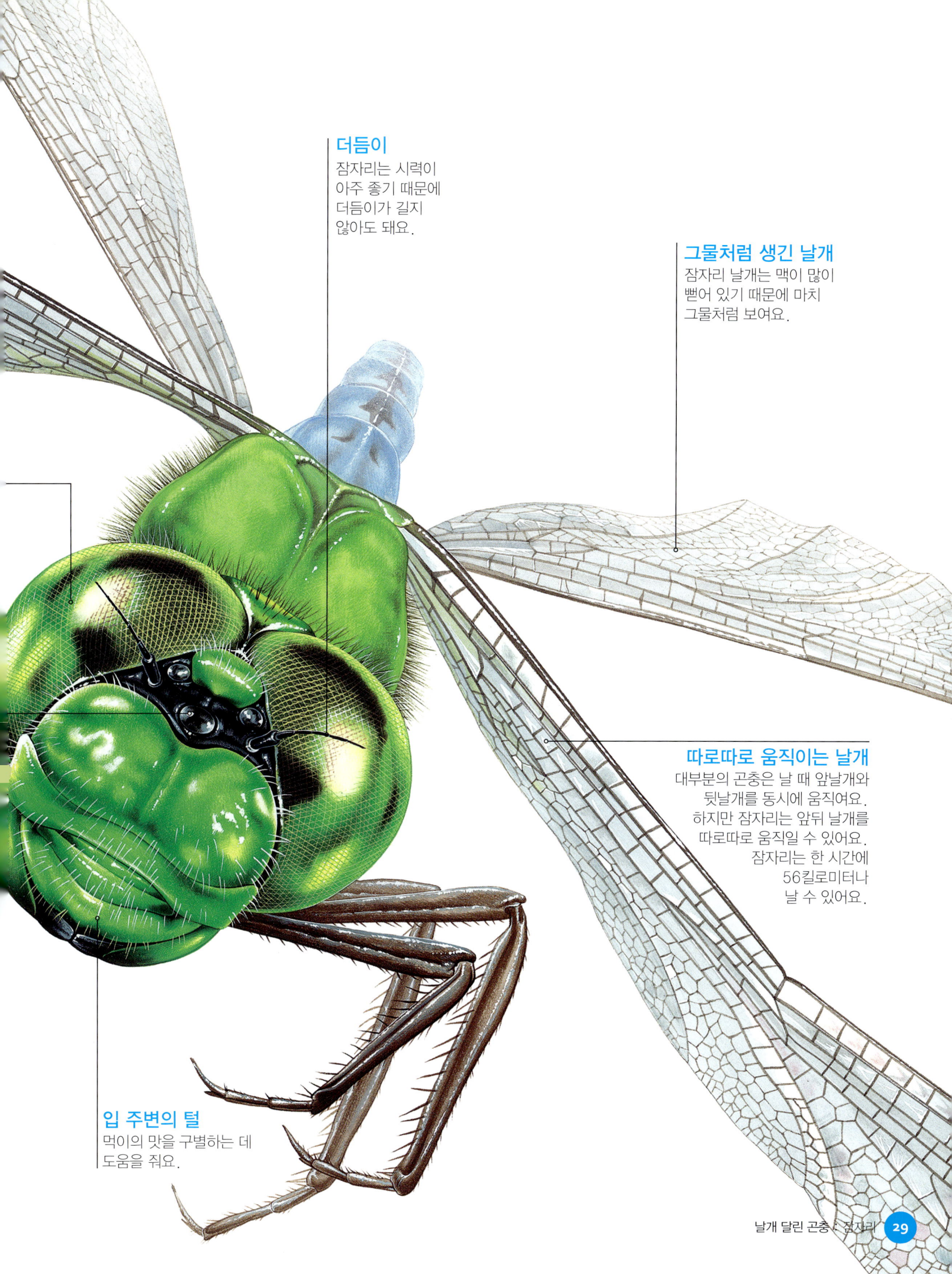

잠자리의 한살이

잠자리의 일생은 나비나 나방 같은 곤충들과는 달라요. 알에서 깨어나온 잠자리 애벌레를 수채라고 부르는데, 날개가 짧은 잠자리처럼 생겼어요. 어른 잠자리보다 훨씬 작고 몸의 색은 전혀 달라요. 잠자리 애벌레는 성충이 되기 전까지 여러 번 껍질을 벗어요. 마지막으로 껍질을 벗으면 날개가 달린 어엿한 잠자리가 되지요. 어른 잠자리는 물 밖에서 생활하지만 애벌레는 물속에서 산답니다. 5년이나 물속에서 지내는 잠자리 애벌레도 있어요.

알
잠자리는 수중 식물 속에 알을 낳거나 아니면 그냥 바닥에 낳아요.

부화
몇 주가 지나면 잠자리 애벌레가 알에서 깨어나요.

집게벌레나 메뚜기도 잠자리처럼 불완전 탈바꿈을 해요.

집게벌레 애벌레

다 자란 집게벌레

메뚜기 애벌레

다 자란 메뚜기

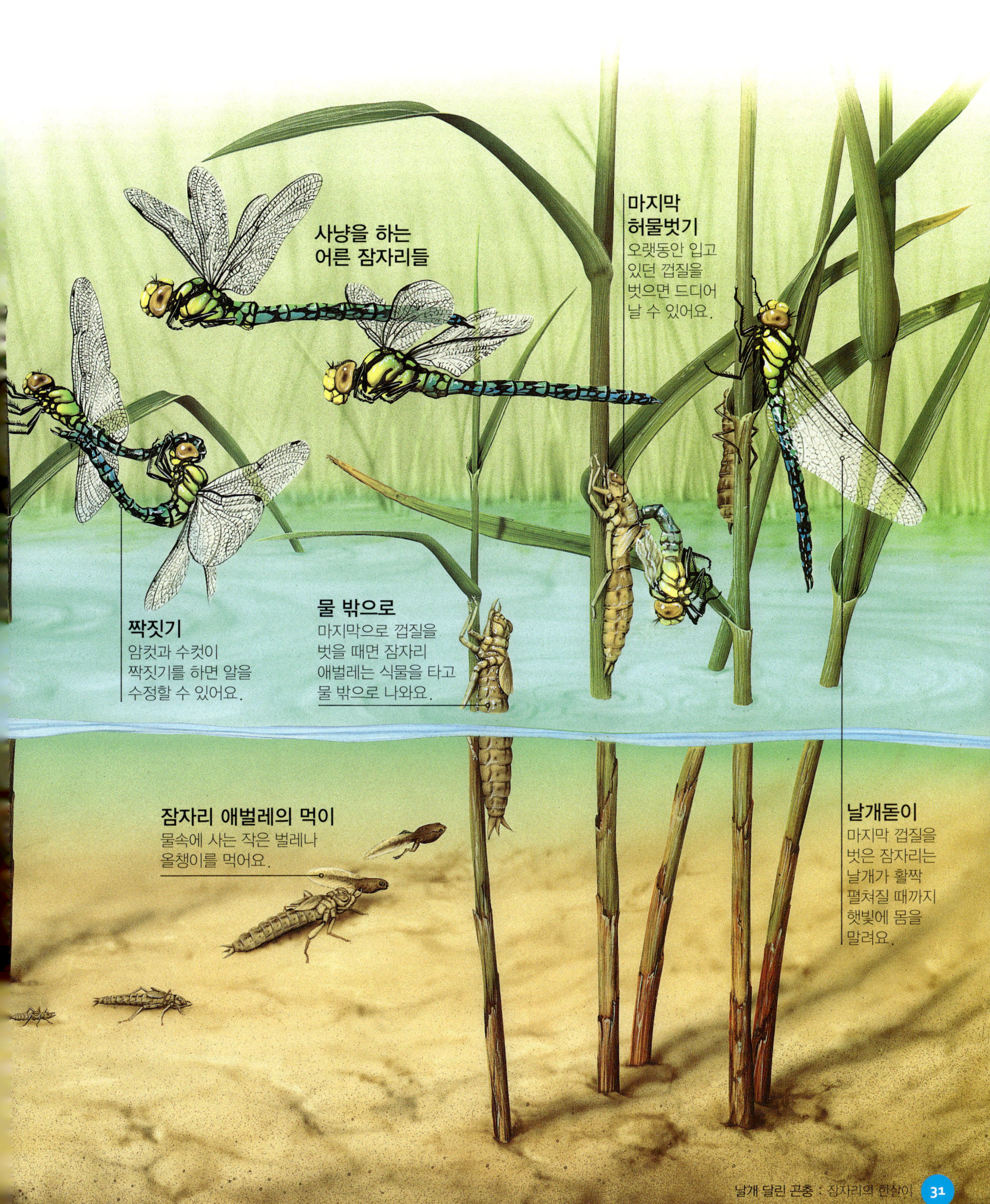

등에

배

파리는 날개가 한 쌍밖에 없어요. 뒷날개가 없는 대신 작은 몽둥이처럼 생긴 **돌기**(평균곤)가 한 쌍 있지요. **곤충**이 하늘을 날 수 있는 이유는 **가슴 근육**이 아주 튼튼하기 때문이에요. 날개와 가슴을 연결해 주는 작은 **관절** 덕분에 날개는 여러 방향으로 움직일 수 있어요. 등에는 **1초**에 **2백 번** 정도 날갯짓을 할 수 있어요. 하지만 1초에 1천 번 정도 **날갯짓**을 하는 모기에 비하면 아무것도 아니에요.

파리의 상승
가장 높이 올라갔을 때 파리의 날개는 위를 향해 있어요.

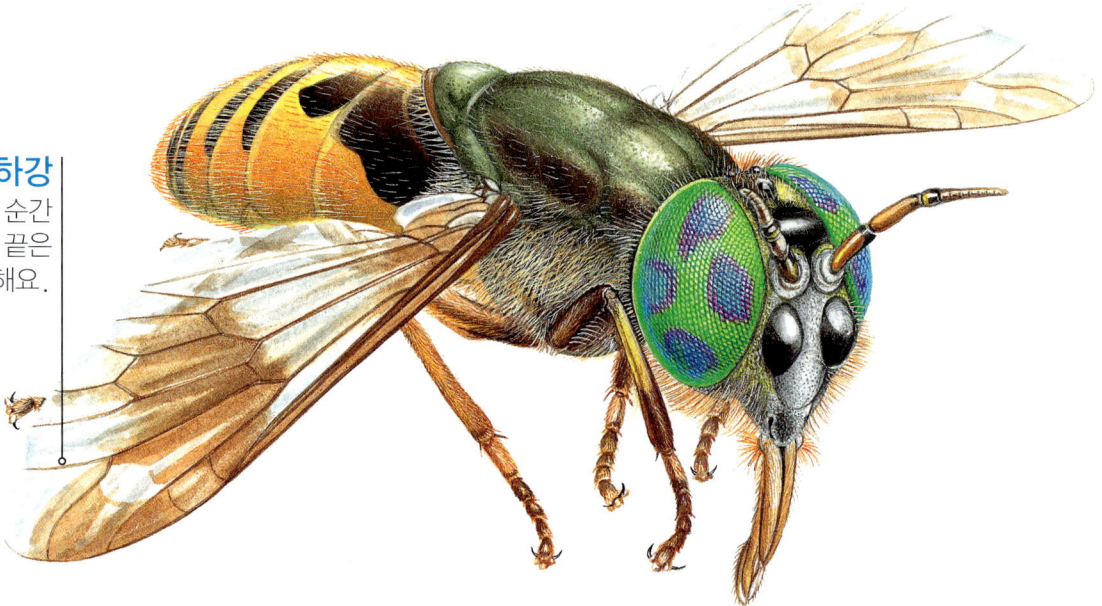

파리의 하강
내려오려는 순간 파리의 날개 끝은 아래로 향해요.

곤충과 거미

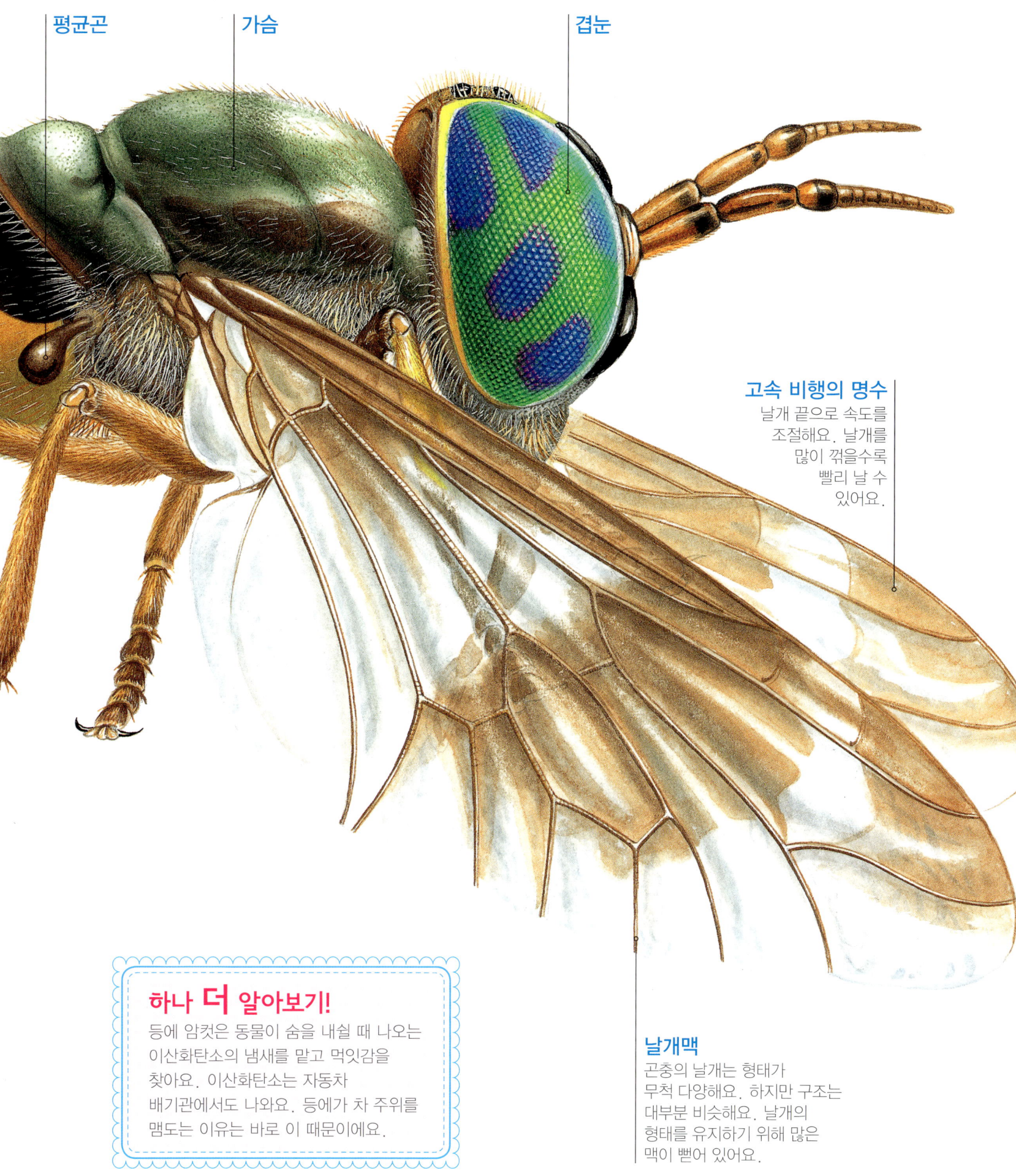

평균곤 | 가슴 | 겹눈

고속 비행의 명수
날개 끝으로 속도를 조절해요. 날개를 많이 꺾을수록 빨리 날 수 있어요.

하나 더 알아보기!
등에 암컷은 동물이 숨을 내쉴 때 나오는 이산화탄소의 냄새를 맡고 먹잇감을 찾아요. 이산화탄소는 자동차 배기관에서도 나와요. 등에가 차 주위를 맴도는 이유는 바로 이 때문이에요.

날개맥
곤충의 날개는 형태가 무척 다양해요. 하지만 구조는 대부분 비슷해요. 날개의 형태를 유지하기 위해 많은 맥이 뻗어 있어요.

날개 달린 곤충 : 등에

말벌

말벌은 여왕벌, 수벌, 일벌로 나뉘어요.
열심히 일하는 것은 일벌로(생식력이 없는 암컷), 집을 짓고 먹이를 구해 오지요.
말벌이 가장 좋아하는 먹이는 곤충이에요.

꽃 한가운데 있는 꿀과 꽃가루가 말벌을 유혹해요.

말벌의 몸속은 이렇게 생겼어요. 다른 동물들과 마찬가지로 말벌에게도 여러 가지 일을 하는 다양한 내부 기관이 있답니다. 하늘색으로 나타낸 부분은 호흡 기관이고, 초록색은 소화 기관이에요. 붉은색은 관처럼 생긴 심장이고, 파란색은 뇌가 속한 신경 기관이에요.

날개 달린 곤충 : 말벌

노란색과 검은색으로
둘러싸인 말벌의 겉모습이에요.

말벌이 보는 세상은 아마도 이런 색일 거예요. 말벌은 우리가 보지 못하는 색도 볼 수 있기 때문에 사람보다 훨씬 자세하게 꽃을 볼 수 있어요. 그래서 꽃가루가 있는 부분을 쉽게 알 수 있답니다.

날개 달린 곤충 : 말벌

꿀벌

꿀벌은 한 마리의 **여왕벌**을 중심으로 **집단생활**을 해요. 여왕벌과 수벌은 새끼를 치는 일만 하고 **일벌**이 **꿀**을 따다 날라요.

여왕벌

일벌

꿀벌은 각자 맡은 임무에 따라 각기 다른 일을 해요.
단 한 마리밖에 없는 여왕벌은 매일 2천5백 개나 되는 알을
낳고, 일벌은 식구들이 먹을 꿀과 꽃가루를 모아 와요.

꿀벌 가족이 먹을 꿀이 저장되어 있어요.
또 다른 방에는 여왕이 낳은 알이 한 개씩 들어 있어요.

꿀

알

날개 달린 곤충 : 꿀벌

알에서 깨어난 애벌레가 번데기로
변하면 방 입구를 밀랍으로 막아요.
그 안에서 번데기는 어른 꿀벌로 자란답니다.

수벌

유모벌

수벌은 여왕벌이 낳은 알을 수정시키는 일을 해요. 유모벌은 애벌레를 키우는 벌이에요. 꽃에서 따 온 꿀을 애벌레가 먹을 수 있게 만들어요.

꽃등에

파리와 친척인 곤충은 약 12만 종에 달해요. 각다귀, 모기, 집파리, 등에, 꽃등에 등은 모두 파리목에 속하는 곤충들이지요. 파리목 곤충은 1밀리미터 이하의 작은 것에서부터 7.5센티미터까지 크기가 아주 다양해요. 한 예로 세상에서 가장 작은 파리인 요정파리는, 다 자라도 마침표 크기 정도밖에 되지 않아요. 꽃 주위만 맴돌기 때문에 이름 붙여진 꽃등에는, 보통 줄무늬와 점무늬가 있어요. 포식자들은 이 무늬를 보고 벌인 줄 알고 도망을 가지요. 꽃등에는 잡히면 자신이 벌인 것처럼 쏘는 시늉을 해요. 하지만 침이 없기 때문에 다칠 염려는 없어요.

재니등에는 늘 꽃 주위를 맴돌아요. 털이 많고 긴 대롱처럼 생긴 재니등에의 입은, 머리보다 세 배나 길어요. 재니등에는 공중에서 입으로 꽃 속에 든 꿀을 빨아 먹어요.

재니등에의 비행

암컷을 유혹하는 수컷
수컷 꽃등에 한 마리가 암컷의 시선을 끌기 위해 암컷 위에서 꼼짝 않고 날고 있어요.

맴맴 돌기
부지런히 날개를 퍼덕이며 공중을 날고 있는 동안에도 꽃등에의 머리는 전혀 움직이지 않아요. 그래서 꽃을 향해 재빨리 내려가거나 옆쪽으로 날아갈 수 있어요.

소등에

곤충도 사람처럼 보고, 듣고, 냄새 맡고, **맛**과 **감촉**을 느껴요. 하지만 곤충의 감각 기관은 사람의 **감각 기관**과 무척 달라요. 곤충에게는 움직임과 냄새, 빛을 느끼는 중요한 감각 기관이 **세 개** 있어요.
이 감각 기관을 이용해 **먹이**와 **짝**을 찾고 **위험**을 피한답니다.
시력이 좋은 커다란 겹눈을 가지고 있는 **소등에**는, 해가 비치는 밝은 시간에만 **사냥**을 해요.
암컷 소등에는 동물의 피를 먹고 사는데, 입이 아주 튼튼해서 질긴 동물의 피부도 찢을 수 있어요.
암컷과 달리 **수컷** 소등에의 입은 그다지 튼튼하지 않아요.
그래서 동물의 피 대신 **꿀**을 먹어요.

더듬이
소등에의 더듬이는 사냥감의 피부에서 나오는 열을 감지해요.

겹눈
소등에의 겹눈은 한꺼번에 여러 방향을 볼 수 있어요. 그래서 위험을 느끼면 재빨리 도망을 칠 수 있어요.

44 곤충과 거미

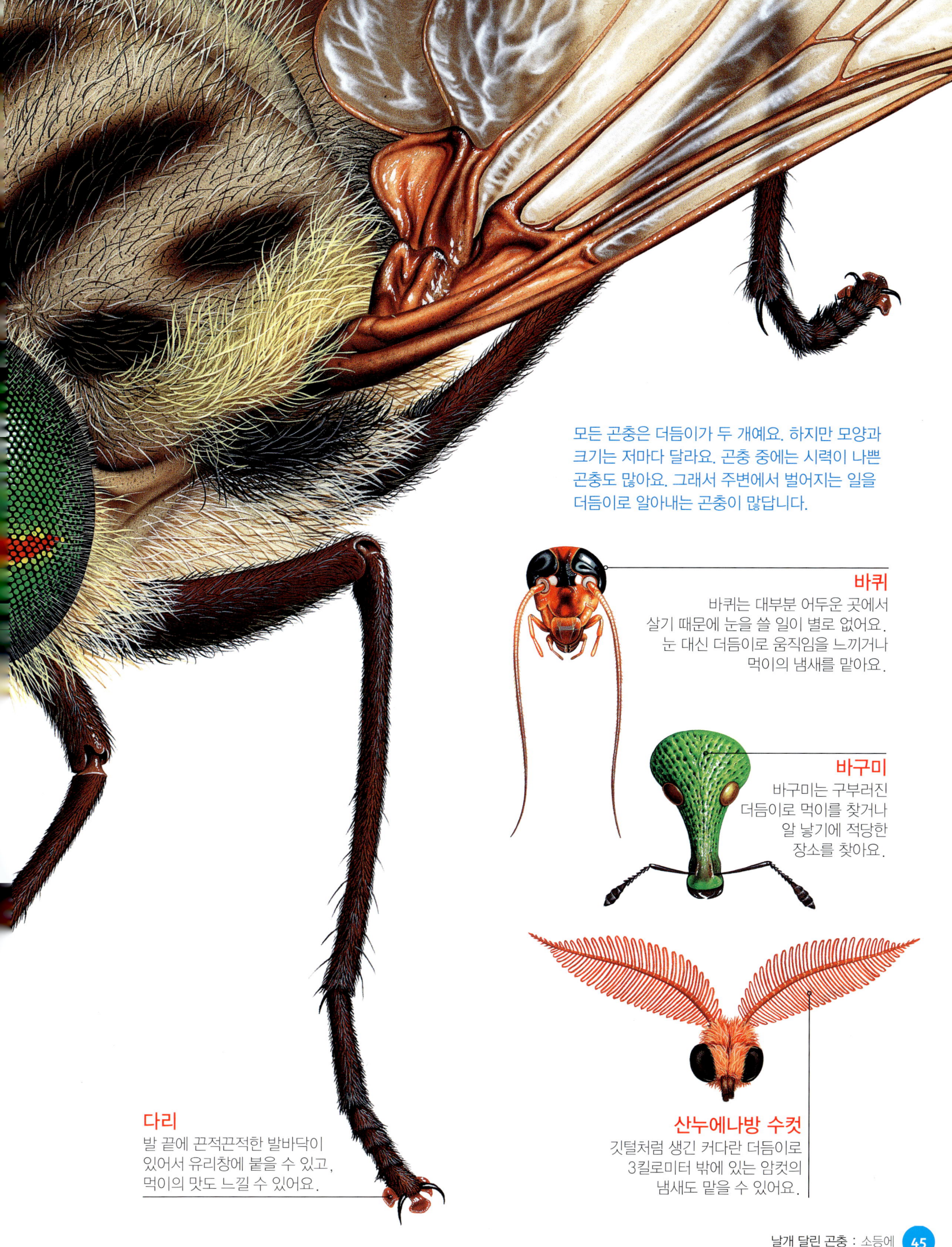

모든 곤충은 더듬이가 두 개예요. 하지만 모양과 크기는 저마다 달라요. 곤충 중에는 시력이 나쁜 곤충도 많아요. 그래서 주변에서 벌어지는 일을 더듬이로 알아내는 곤충이 많답니다.

바퀴
바퀴는 대부분 어두운 곳에서 살기 때문에 눈을 쓸 일이 별로 없어요. 눈 대신 더듬이로 움직임을 느끼거나 먹이의 냄새를 맡아요.

바구미
바구미는 구부러진 더듬이로 먹이를 찾거나 알 낳기에 적당한 장소를 찾아요.

산누에나방 수컷
깃털처럼 생긴 커다란 더듬이로 3킬로미터 밖에 있는 암컷의 냄새도 맡을 수 있어요.

다리
발 끝에 끈적끈적한 발바닥이 있어서 유리창에 붙을 수 있고, 먹이의 맛도 느낄 수 있어요.

날개 달린 곤충 : 소등에

여왕개미
배가 아주 큰 여왕개미는 알을 낳는 일을 해요.

수개미
여왕개미와 짝짓기를 해요. 몸이 아주 작으며, 날개가 달린 것도 있어요.

병정개미
개미굴을 지켜요. 머리와 턱이 아주 크답니다.

일개미
개미집을 짓고 먹이를 구해 와요.

개미 공동체에서 가장 중요한 구성원은 여왕개미와 일개미예요. 수개미는 고작 몇 마리밖에 안 되고 하는 일도 여왕개미와 짝짓기를 하는 일뿐이에요. 병정개미는 공동체를 지키는 일을 해요.

먹이 운반
일개미들은 잘라 온 잎사귀를 병정개미가 지키고 있는 개미굴 입구에 떨어뜨려요.

굴 안으로
다른 일개미들이 잎사귀를 굴 안으로 가져가요.

파수꾼 개미
가장 작은 일개미는 잎사귀 위에 올라타 동료들이 공격을 받지 않도록 망을 봐요.

수확의 시간
중간 크기의 일개미들은 강한 턱으로 잎사귀를 잘라서 집으로 가져와요.

공동체 생활

구성원 하나하나가 특별한 일을 하는 **개미**나 **말벌**, **꿀벌** 같은 곤충들은 **공동체**를 이루어 살아요. 개미는 1만 종 정도 되는데, 모두 사회생활을 해요. 예를 들어 **가위개미**의 일개미들은 힘을 합쳐 잎사귀를 자르고, 자른 잎사귀를 집까지 운반하고, 동료들을 보호하고, 잎사귀를 씹고 **발효**시켜 자신들이 먹는 특별한 **곰팡이**를 길러요. 가위개미는 **수백만** 마리가 모여 함께 산답니다.

개미

사냥개미들은 서로 협력하여 먹이를 잡아요. 사방에서 침을 쏘기도 하며 먹이를 공격하지요. 사냥을 하는 동안 먹이가 움직이지 못하도록 턱으로 단단히 물고 있는 개미가 있는가 하면, 먹이를 개미굴로 가져가기 위해 잘게 자르는 개미도 있어요. 개미는 자기 몸무게의 50배가 넘는 먹이도 거뜬히 들 수 있답니다. 개미들이 힘을 합하면 자신들보다 훨씬 큰 메뚜기도 잡을 수 있어요.

개미굴은 저마다 냄새가 달라요. 불개미 두 마리가 더듬이로 상대의 냄새를 맡고 있어요. 냄새로 같은 개미굴에 사는 동료인지 아닌지를 알 수 있어요.

하나 더 알아보기!
세상에서 가장 무서운 개미는 검은불독개미예요. 이 개미는 입으로 무는 것과 동시에 독침을 쏘아요.

더듬이
개미는 더듬이로 주변에서 일어나는 일을 알 수 있어요.

입(턱)
강하고 날카로운 입으로 먹이를 조각내요.

독침
개미는 먹이에 독침을 쏘아요.

다른 곤충들처럼 개미의 몸도 머리, 가슴, 배 세 부분으로 나뉘어요. 다리도 세 쌍, 더듬이도 한 쌍이지요.

머리
머리에는 뇌와 더듬이, 눈과 입이 있어요.

가슴
다리는 가슴에 붙어 있어요.

배
배 속에는 내부 기관과 독, 그리고 독침이 있어요.

기타 곤충 : 개미

흰개미

흰개미도 모여 살아요. 여러 마리가 공동체를 이루어 함께 집을 짓고 그 안에서 생활하지요. 흰개미들도 개미나 꿀벌처럼 각자 맡은 일이 정해져 있어요. 대부분 땅 밑에서 생활하는 흰개미들은 통로와 방을 많이 만드는데, 모두 특별한 목적이 있어요. 흰개미들은 대부분 땅 밑에 집을 짓지만, 땅 위에 집을 짓는 흰개미도 있어요. 어떤 흰개미는 나무 위에 집을 짓기도 해요. 흰개미들은 흙과 자신들의 침을 섞어 만든 특별한 접착제를 통로에 발라요.

통로
미로처럼 생긴 통로 덕분에 공기 정화기를 설치한 것처럼 깨끗한 공기를 유지할 수 있어요.

경작실
공동체 모두가 먹을 곰팡이를 키우는 곳이에요.

일꾼 흰개미 방
여왕 흰개미 방을 둘러싸고 있어요.

여왕 흰개미 방
15년 정도 사는 여왕 흰개미는 평생 동안 수백만 개가 넘는 알을 낳아요.

육아실
알과 애벌레를 돌보는 곳이에요.

축축한 썩은 나무에서 사는 어떤 흰개미는 위험을 느끼면 통로 벽을 머리로 두드려요. 통로 벽을 타고 울리는 진동이 다른 흰개미들에게 위험을 알려 준답니다.

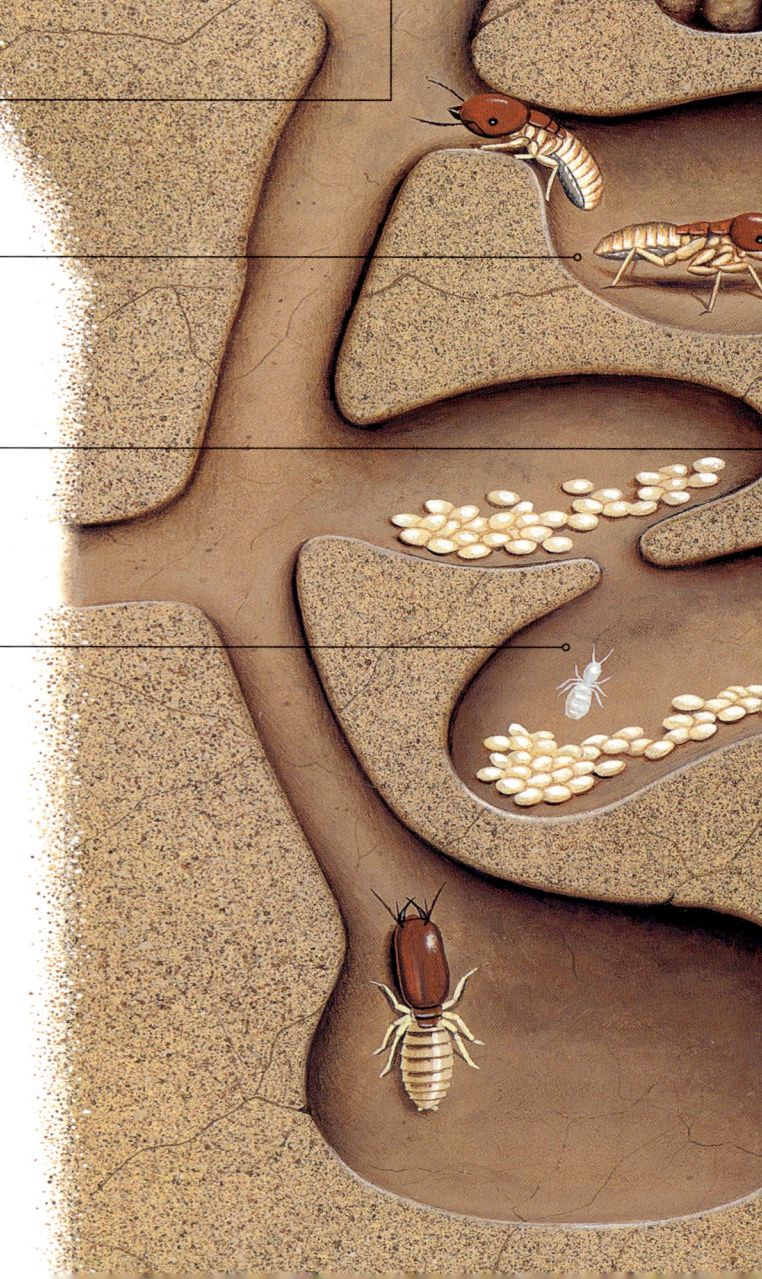

병정 흰개미
공동체를 지키는 일을 해요.

하나 더 알아보기!
오스트레일리아에는 높이 7.5미터, 너비 30미터나 되는 커다란 집을 짓는 흰개미도 있어요.

송장헤엄치개

물에서 사는 곤충도 아주 많아요. 송장헤엄치개도 그런 곤충이지요. 주로 연못에 사는 송장헤엄치개는 몸이 뒤집힌 상태로 헤엄을 치기 때문에 송장이라는 이름이 붙었답니다. 송장헤엄치개의 배에는 공기 방울을 붙잡을 수 있는 작은 털이 나 있어요. 이 털에 붙잡힌 공기가 작은 구멍인 기공으로 들어가 숨을 쉴 수 있어요. 송장헤엄치개는 재빨리 먹이를 낚아챈 뒤 날카로운 주둥이를 먹이에 박고 체액을 빨아 먹어요. 뛰어난 사냥꾼인 송장헤엄치개는 올챙이나 작은 물고기처럼 자신보다 큰 동물도 잡아먹을 수 있어요.

곤충의 다리는 여러 가지 일을 해요. 헤엄을 치고, 걷고, 뛰어오르고, 먹이를 잡아요. 곤충들은 저마다 자신에게 꼭 맞는 다리를 가지고 있어요.

방어용 다리
귀뚜라미는 뛰어오르거나 자신을 보호하는 데 다리를 사용해요. 갑옷처럼 단단한 다리에는 작은 가시가 나 있어요.

붙잡기용 다리
애벌레는 작은 갈고리가 달린 배다리를 가지고 있어요. 이 배다리로 잎이나 가지를 움켜잡아요.

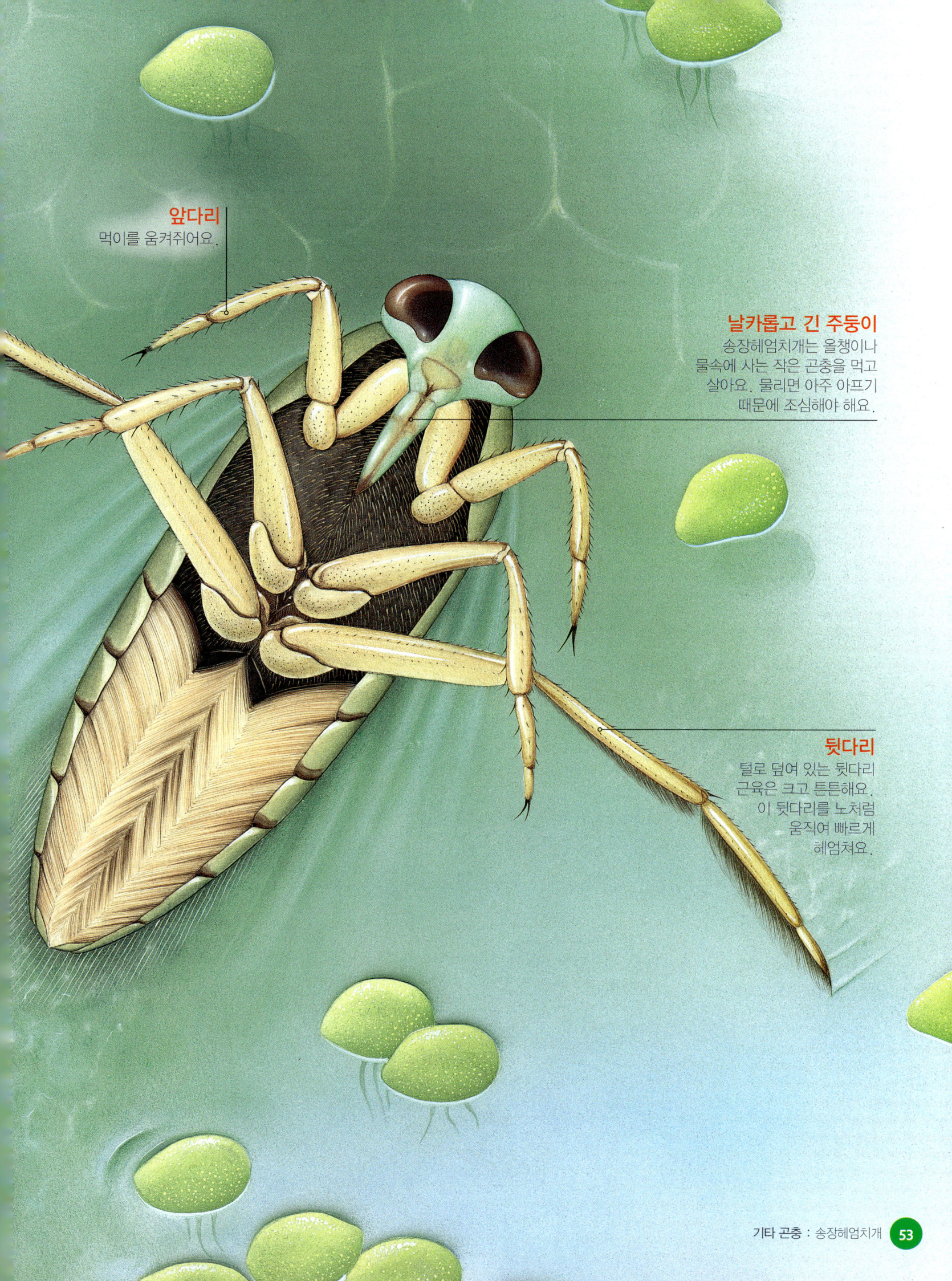

물속에 알을 낳아요
많은 곤충들이 물속에 알을 낳아요.

배처럼 다녀요
물벌레의 다리는 노처럼 물을 저을 수 있어요. 물벌레는 물속에 사는 먹이를 잡기 위해 다이빙도 한답니다.

톡톡 뛰어요
소금쟁이는 물결을 일으키지 않고도 잘 뛰어다녀요. 다리에 난 작은 털들로 공기를 붙잡아 물 위에 떠 있을 수 있어요.

물속 세계

물속에는 많은 **곤충**이 살고 있어요. 이들을 **수서 곤충**이라고 해요. 사는 곳은 주로 연못이나 호수, 시냇물 등이에요. **바다**에 사는 곤충은 아주 적어요. **물속**이나 **물가**에 사는 곤충은 특수한 생활 환경에 맞춰 독특한 **기관**이 발달했어요. **모기**나 **잠자리**처럼 물속에서 태어나는 곤충도 많아요.

어슬렁거려요
장구애비는 수풀 사이를 어슬렁거리면서 먹이가 지나가기를 기다려요. 올챙이 같은 먹이가 지나가면 강한 앞다리로 꽉 움켜잡아요.

물속에 사는 곤충들은 독특한 숨쉬기 방법을 가지고 있어요.

모기 애벌레
모기 애벌레(장구벌레)의 배 끝에는 물 밖으로 내밀어 공기를 빨아들이는 호흡 기관이 있어요.

물방개
잠수부가 산소 탱크를 가지고 다니듯 물방개는 딱지날개 밑에 공기 방울을 달고 다녀요. 그래서 물속에서도 쉽게 숨을 쉴 수 있어요.

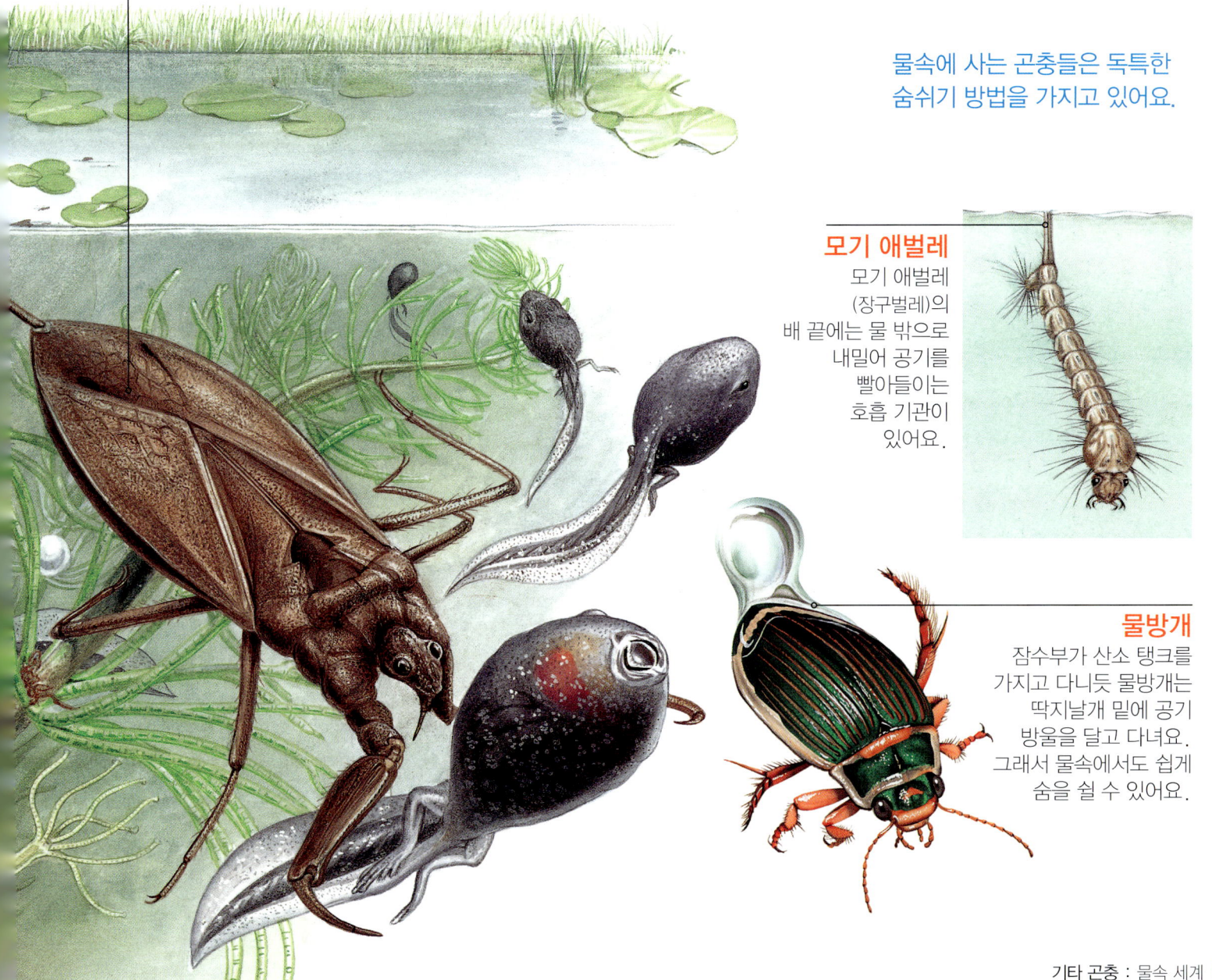

기타 곤충 : 물속 세계

사마귀

사마귀는 고개를 돌려 뒤를 볼 수 있는 유일한 곤충이에요. 사마귀의 겹눈은 18미터나 떨어진 곳의 움직임까지 볼 수 있답니다. 주로 나비나 메뚜기 같은 곤충을 먹지만, 파충류나 새처럼 큰 먹이를 잡아먹을 때도 있어요. 사마귀는 먹이를 공격하기 전에 오랫동안 기다리면서 먹이를 관찰해요. 그리고 공격 준비가 끝나면 잽싸게 앞발을 내뻗어요. 이렇게 먹이를 낚아채는 데 걸리는 시간은 불과 0.05초 정도밖에 안 돼요. 사냥 후에는 먹이를 단단히 움켜쥐고 강한 턱으로 먹기 시작해요.

소등에와 침노린재도 사마귀처럼 훌륭한 사냥꾼이에요. 소등에는 먹이의 체액을 녹여 주둥이로 빨아 먹어요. 침노린재는 먹이의 피부를 찢고 대롱처럼 생긴 입으로 먹이의 체액을 빨아 먹는답니다.

소등에 입   침노린재 입

곤충과 거미

겹눈

하나 더 알아보기!
사마귀는 천만 년 전부터 지구에서 살아왔어요. 8천7백만 년이나 된 사마귀 화석도 발견되었답니다.

기타 곤충 : 사마귀

메뚜기

메뚜기는 **홑눈**이 **세 개**이고, **뒷다리**가 **발달**하여 잘 뛰는 특성이 있어요.

메뚜기는 여치와 친척이에요. 어린 아프리카사막 메뚜기는 회남색이에요. 어린 메뚜기는 독립 생활을 하면서 거의 대부분의 시간을 혼자서 지내요.

메뚜기의 소화 기관과 호흡 기관을 보여 주는 그림이에요. 보라색은 소화 기관이고, 파란색은 호흡 기관이에요. 호흡 기관은 공기주머니와 숨문으로 되어 있어요. 곤충은 허파가 없어요.

메뚜기의 내부 기관이에요.
자주색은 순환 기관이고,
초록색은 머리에 있는 뇌를
포함한 신경계예요.

먹이가 풍부한 환경에서는 메뚜기의 수가 크게 증가해요. 아프리카사막메뚜기는 수가 아주 많아지면 황갈색으로 변해요. 엄청난 수의 메뚜기가 모여 아주 커다란 메뚜기 떼를 이루지요.

꽃이 아니에요
꽃사마귀는 꼼짝도 않고 앉아서 여치가 가까이 다가올 때까지 가만히 기다려요. 때가 되면 앞다리를 잽싸게 내뻗어 여치를 꽉 움켜쥐지요.

여치

꽃

꽃사마귀

꽃사마귀는 쉽게 볼 수 있는 곤충이 아니에요. 파충류를 잡아먹는 꽃사마귀는 파충류나 새, 나방과 벌, 나비, 작은 거미의 먹이가 되기도 해요.

꽃사마귀가 꽃처럼 위장한 이유는 먹이를 잡는 동시에 천적을 속이기 위해서예요. 꽃에 앉은 꽃사마귀는 서서히 꽃잎과 똑같은 색으로 변해요. 다리도 꽃잎처럼 생겨서 꽃 위에 앉아 있으면 꽃인지 사마귀인지 구별을 할 수 없어요. **꽃사마귀는 먹이가 다가올 때까지 조용히 기다렸다가** 잽싸게 앞다리를 뻗어 먹이를 움켜쥐어요. 다리에 날카로운 가시가 나 있기 때문에 붙잡힌 먹이는 꼼짝을 할 수 없어요.

하나 더 알아보기!

곤충은 흉내쟁이! 위장이 아주 뛰어나지요. 대벌레는 나뭇가지처럼 생겼어요. 그 때문에 곤란해지기도 해요. 다른 곤충들이 진짜 나무인 줄 알고 물어뜯을 때가 있거든요.

기타 곤충 : 꽃사마귀

벗어 버린 허물
허물을 벗은 매미 애벌레가 드디어 성충이 됐어요.

매미

하나 더 알아보기!
미국에는 땅속에서 13년을 사는 매미와 17년을 사는 매미, 두 종류가 있어요. 이들은 동시에 땅 위로 올라오는데, 그 이유는 아직 밝혀지지 않았어요.

암컷 매미는 **나뭇가지**에 구멍을 내고 그 안에 **알**을 낳아요. 알에서 깨어난 매미 **애벌레**는 곧바로 땅속으로 들어가요. 그리고 식물의 **뿌리**를 먹으면서 2년에서 5년 정도 **땅속**에서 살아요. 매미 애벌레는 다 자랄 때까지 여러 번 껍질을 벗어요. 완전히 자란 매미 **애벌레**는 땅 위로 올라와 마지막으로 한 번 더 **허물**을 벗어요. 그러면 **성충**이 된답니다. 어른 매미는 **짝짓기**를 하고, 알을 낳을 때까지 살아요.

시끄러운 매미들
수컷 매미는 세상에서 가장 우렁차게 우는 곤충이에요. 수컷의 배에는 진동막이라고 하는 근육이 있어요. 수컷은 짝짓기를 할 때가 되면 이 진동막을 세차게 움직여 암컷을 부르는 큰 소리를 내요.

성충이 될 시기가 되면 매미 애벌레는 굴을 파고 땅 위로 올라와요.

기타 곤충 : 매미

거미는 어떤 동물일까?

거미는 거미강에 속하는 동물이에요. 거미도 곤충처럼 단단한 껍데기가 겉면을 싸고 있어요. 하지만 거미의 몸은 곤충과 달리 머리가슴, 배 두 부분으로 나뉘어요. 날개와 더듬이가 없고, 다리는 여덟 개, 눈도 여덟 개예요. 입에는 독이 나오는 이빨이 두 개 있어요. 항문 근처에 거미줄이 나오는 방적돌기가 있어서 여기로 실을 뿜어내 거미줄을 쳐요. 거미는 다리에 난 작은 털이 귀 역할을 해요. 이 털들이 진동을 느껴 소리를 듣지요. 주로 곤충이나 다른 거미를 먹는데, 몸집이 큰 거미는 새나 작은 포유류를 먹기도 해요.

다리
거미의 다리는 여덟 개예요.

거미의 내부 구조예요. 작은 허파와 온몸으로 공기를 보내는 기공이 있어요. 배 끝에는 방적돌기가 있어요. 이곳으로 거미줄을 뽑아요.

발톱
거미집을 만드는 거미들은 다리 끝에 거미줄을 붙잡을 수 있는 발톱이 있어요.

방적돌기
이곳으로 거미줄을 뿜어내 거미줄을 쳐요.

곤충과 거미

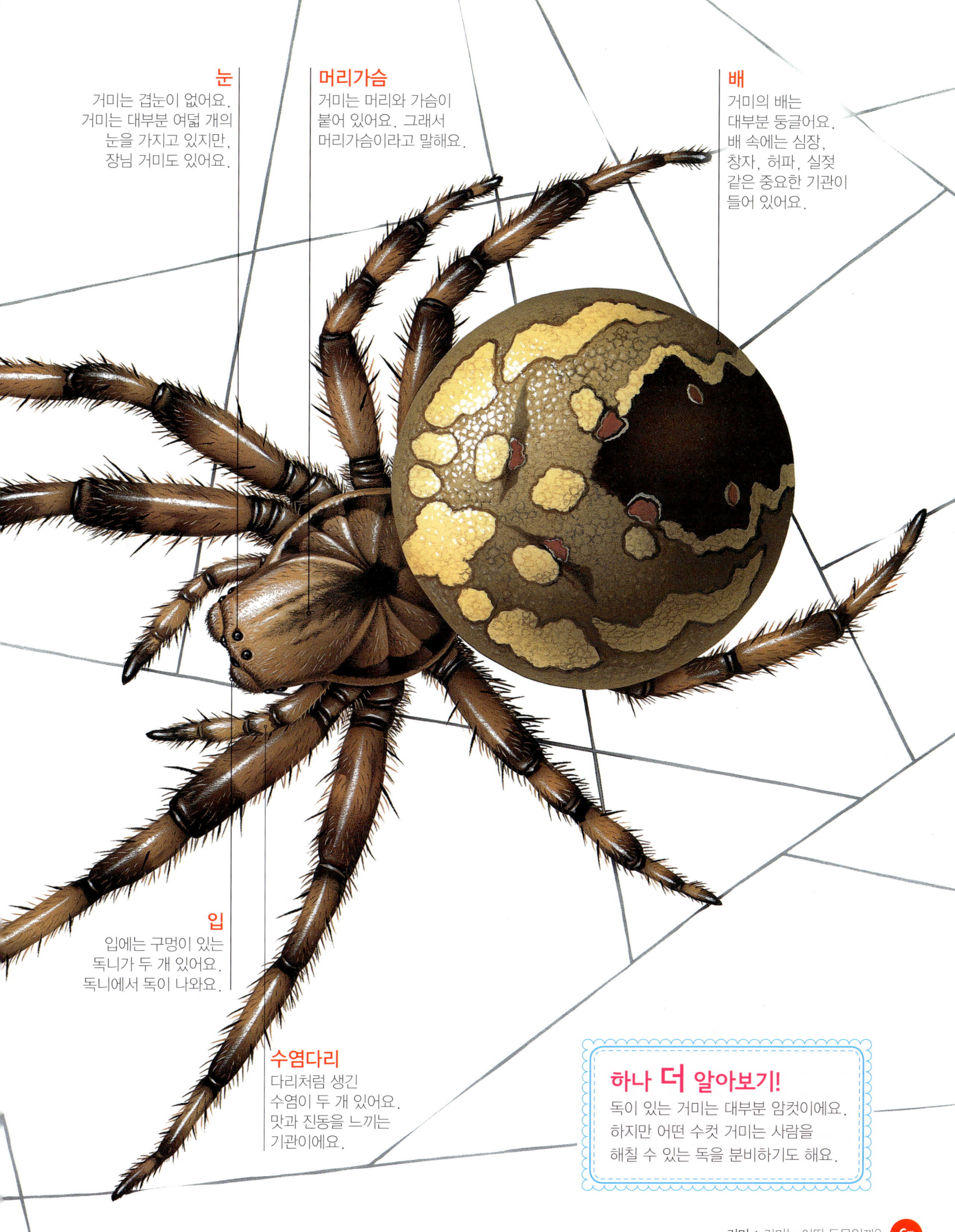

눈
거미는 겹눈이 없어요. 거미는 대부분 여덟 개의 눈을 가지고 있지만, 장님 거미도 있어요.

머리가슴
거미는 머리와 가슴이 붙어 있어요. 그래서 머리가슴이라고 말해요.

배
거미의 배는 대부분 둥글어요. 배 속에는 심장, 창자, 허파, 실젖 같은 중요한 기관이 들어 있어요.

입
입에는 구멍이 있는 독니가 두 개 있어요. 독니에서 독이 나와요.

수염다리
다리처럼 생긴 수염이 두 개 있어요. 맛과 진동을 느끼는 기관이에요.

하나 더 알아보기!
독이 있는 거미는 대부분 암컷이에요. 하지만 어떤 수컷 거미는 사람을 해칠 수 있는 독을 분비하기도 해요.

거미 : 거미는 어떤 동물일까?

거미의 몸속

거미의 **내부 구조**도 다른 동물들과 비슷하게 생겼어요. 뇌, 심장, 허파 같은 내부 기관이 있고, 음식물을 분해하는 **소화 기관**이 있어요. 거미가 대부분의 동물과 다른 점은 **거미줄**을 만드는 기관이 있다는 점이에요. 거미는 거미줄을 치고, 먹이를 가두고, 알을 숨기고, 은신처를 만들고, 위아래로 이동하고, 올가미를 만들고, 끈끈한 덫을 만들어요. **과학자들**은 거미줄이 세상에서 가장 튼튼한 물질이라고 말해요. 거미줄은 **고무**처럼 탄력 있고 **강철**처럼 강해요.

하나 더 알아보기!
거미의 입은 날카롭지도 않고, 먹이를 베어 먹을 정도로 강하지도 않아요. 그래서 거미들은 대부분 먹이를 먹기 전에 먹잇감을 살짝 녹이거나 소화시켜 놓아요.

알집
알을 만드는 곳이에요.

심장
배 위쪽에 얇은 심장이 길게 뻗어 있어요.

방적돌기

실젖
거미줄을 만들어 방적돌기로 보내는 특별한 분비샘이에요.

허파

곤충과 거미

시작

틀짜기

세로줄 치기

첫 번째
동심원 만들기

두 번째
동심원 만들기

위
먹이를
빨아들이는
근육으로
되어 있어요.

뇌
몸 전체를
통제하는
기관이에요.

독샘
먹이를 죽이고 천적을
피하게 해 주는 독을
만드는 곳이에요.

거미집 모양은 그물 모양도 있고, 복잡하게
뒤엉킨 모양도 있어요. 어떤 모양이 될지는
거미의 종류에 따라 달라져요. 날마다
거미집을 새로 만드는 거미가 있는가 하면,
거미집을 고치기만 하는 거미도 있어요.
위 그림은 동심원을 그리는 거미가 줄을 치는
과정이에요. 왼쪽에서 오른쪽 순서로 만들어요.
무당거미도 이런 모양으로 집을 만들어요.

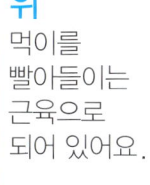

근육
외골격 안쪽에
붙어 있어요.

거미 : 거미의 몸속

깡충거미

깡충거미는 거미 중에서도 **시력**이 좋은 거미예요. 머리가슴 앞쪽에 **커다란 눈**이 **한 쌍** 있고, 머리가슴 옆쪽으로 **작은 눈**이 **세 쌍** 있어요. 그래서 동시에 거의 **모든 방향**을 볼 수 있지요. 깡충거미는 뛰어난 시력 말고도 장점이 또 있어요. **뒷다리 힘**이 아주 세기 때문에 펄쩍 뛰어올라 **먹이**를 잡을 수 있어요. 자신의 몸길이보다 **50배**나 먼 곳까지 한 번에 뛸 수 있지요. **짝짓기** 철이 되면 수컷 깡충거미는 암컷 앞에서 앞다리를 위로 쳐들고 흔드는 구애 춤을 추어요.

암컷 깡충거미

수컷 깡충거미

사냥꾼 거미들은 눈이 아주 좋아서 먹잇감을 찾아다닐 수 있어요. 하지만 눈이 나쁜 거미들은 한곳에 앉아서 먹잇감이 다가오기만 기다린답니다.

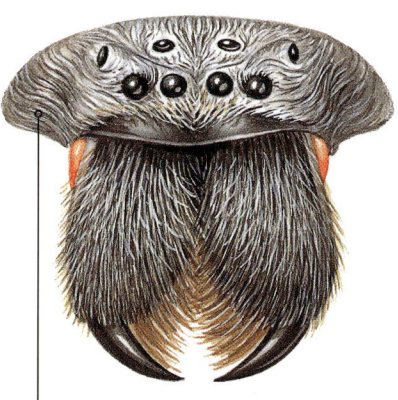

농발거미
뛰어난 사냥꾼이에요. 눈이 두 줄로 늘어서 있어서 밤에 먹이를 잘 찾을 수 있어요.

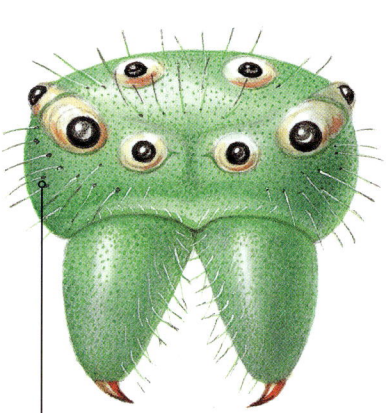

게거미
작은 눈이지만 먹이의 움직임을 잘 감지해요. 먹이가 가까이 올 때까지 기다렸다가 공격해요.

괴물거미
눈이 모두 여덟 개예요. 그중 두 개는 무시무시하게 커서 어두운 곳에서도 사냥할 수 있어요.

무당거미

무당거미는 끈적끈적한 거미줄에 걸리는 곤충을 주로 먹어요. **몸 전체**에 **갈색**을 띠는 **노란색 무늬**가 있어요.

무당거미는 늦가을이 되면 나뭇잎 아래쪽에 알 자루를 만들고, 그 속에 알을 낳아요. 튼튼한 거미줄로 만든 알 자루는 연약한 알들을 보호해 주어요.

무당거미는 특별한 재주가 있어요.
거미줄 한가운데에 X자 무늬를 만든답니다.
낙서처럼 보이는 X자 무늬는 거미집을
튼튼하게 지탱해 주지요.

알 자루 속에 알이 가득 들어 있네요.
이제 곧 어린 거미들이 나올 거예요.

거미 배 속에는 거미줄을 만드는 커다란 분비샘(실젖)이 있어요. 거미줄은 거미의 배 끝에 있는 방적돌기에서 힘차게 뿜어 나와요. 오, 아기 거미들이 깨어나고 있어요!

파리가 거미줄에 걸리면
거미는 독을 쏘고 거미줄로
꽁꽁 감싸 놓았다가 나중에 먹어요.
아기 거미들이 모두 알을 깨고 나왔네요.
이제부터는 아기들도 자신의
힘으로 살아가야 해요.

하나 더 알아보기!
타란툴라는 땅콩버터 맛이 나요. 그래서 타란툴라를 먹는 사람들도 있어요.

공격하는 타란툴라
벌떡 일어서 있는 멕시코의 붉은다리타란툴라는 눈 깜짝할 사이에 지나가는 도마뱀을 덮쳐요.

독니

타란툴라

타란툴라는 파충류나 개구리, 쥐를 잡아먹어요. 새도 타란툴라의 먹이가 될 수 있어요. 타란툴라는 눈이 나쁜 대신 다리의 감각 기관이 발달했어요. 다리는 먹이가 지나갈 때 생기는 진동을 감지할 수 있어요. 한곳에서 먹이가 지나가기를 기다리기도 하고, 먹이를 뒤쫓기도 해요. 공격할 때는 몸을 치켜들고 독니를 위로 하고 먹이를 덮쳐요.

타란툴라의 먹이
타란툴라는 먹이를 덮친 다음, 독니로 물어서 죽여요. 하지만 이 도마뱀은 너무 커서 그냥 무는 것만으로는 어렵겠어요. 무시무시한 독을 좀 더 집어넣어야 해요.

세상에는 약 3만 5천 종의 거미가 있어요. 그중에서 사람을 해칠 수 있는 독거미는 약 30종 정도예요.

붉은등과부거미
암컷 붉은등과부거미의 독은 방울뱀의 독보다 15배나 강해요.

너구리거미
브라질에 사는 너구리거미에 물리면 15분 안에 죽을 수 있어요. 세상에서 가장 위험한 거미 가운데 하나예요.

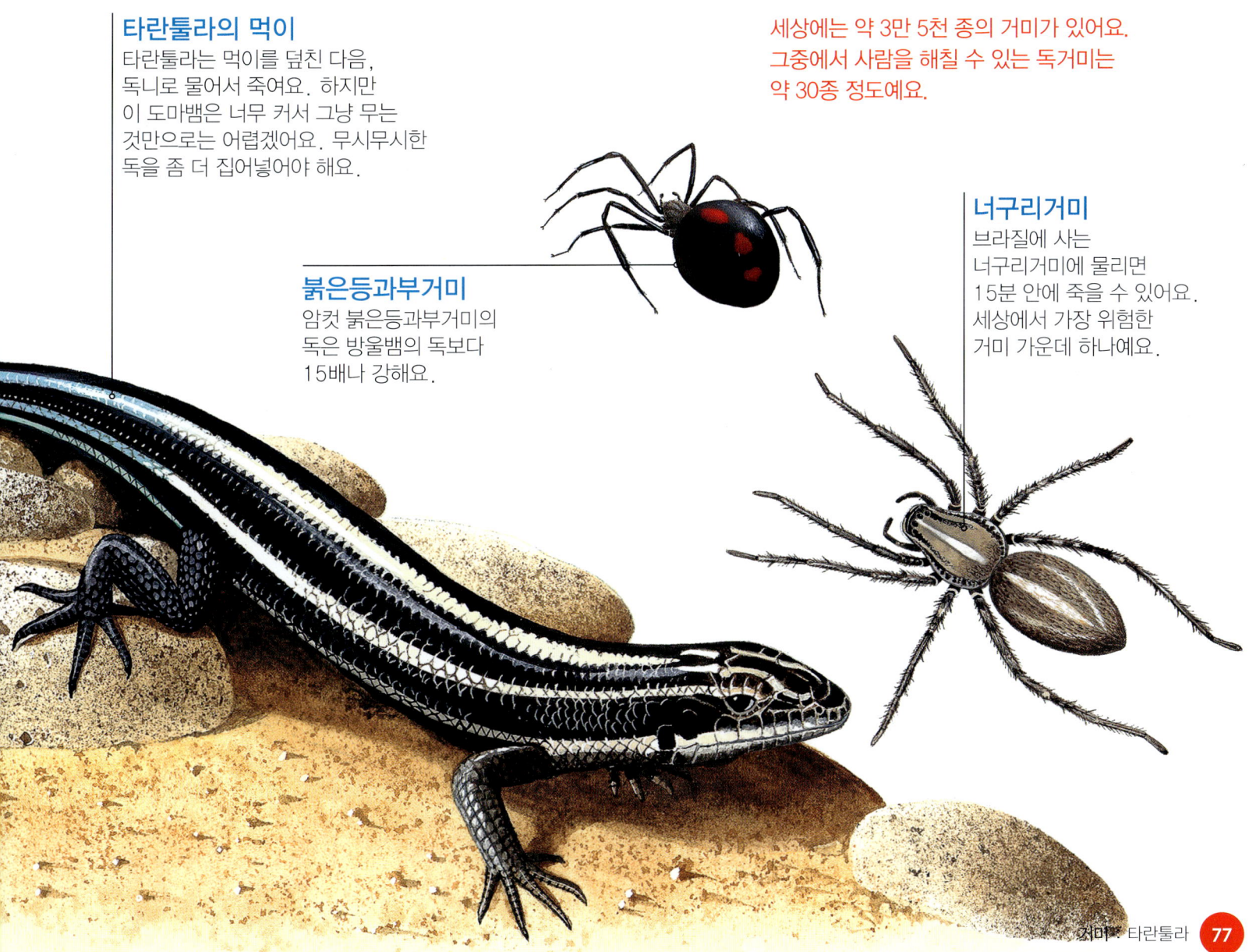

붉은등과부거미

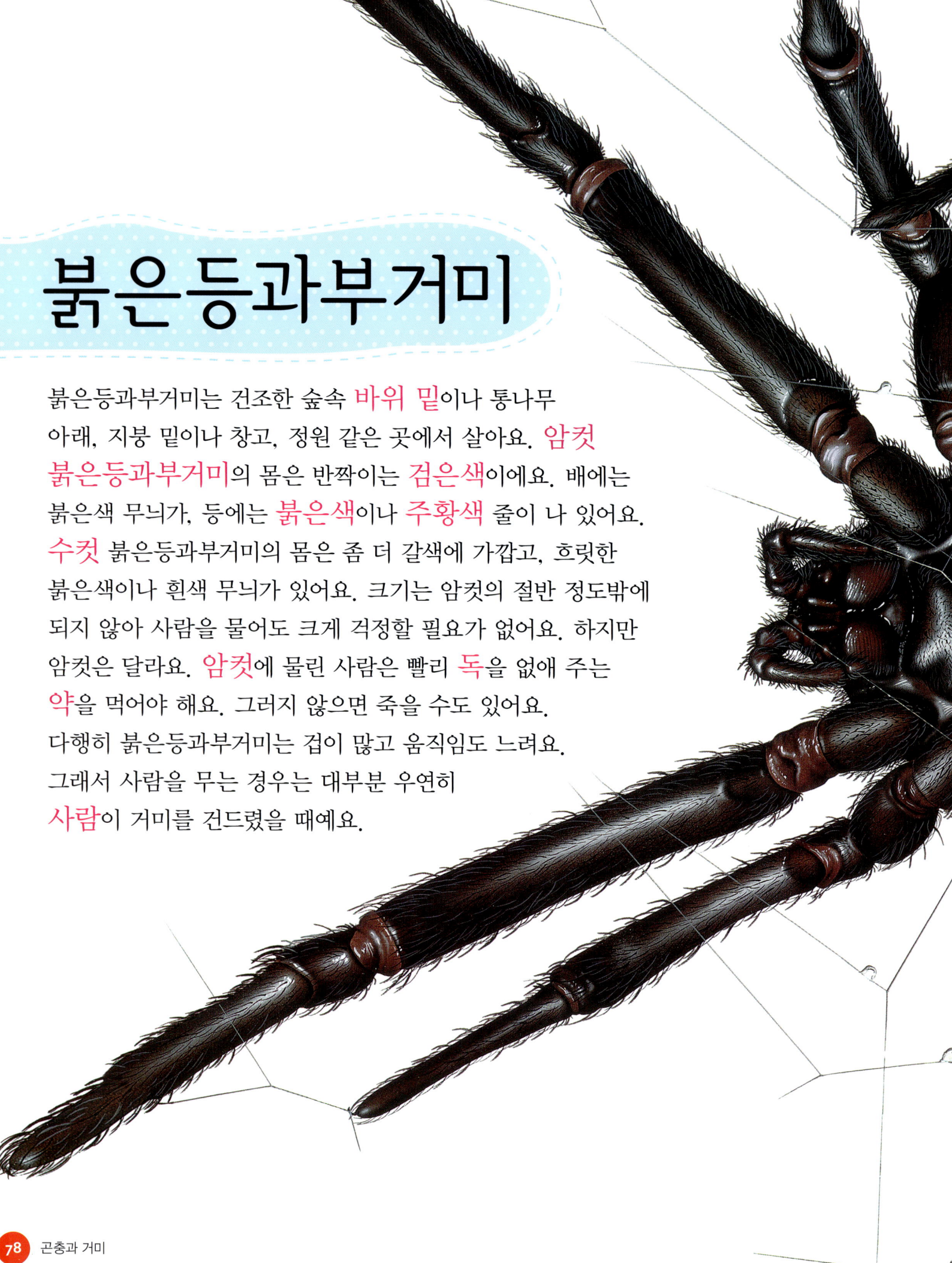

붉은등과부거미는 건조한 숲속 바위 밑이나 통나무 아래, 지붕 밑이나 창고, 정원 같은 곳에서 살아요. 암컷 붉은등과부거미의 몸은 반짝이는 검은색이에요. 배에는 붉은색 무늬가, 등에는 붉은색이나 주황색 줄이 나 있어요. 수컷 붉은등과부거미의 몸은 좀 더 갈색에 가깝고, 흐릿한 붉은색이나 흰색 무늬가 있어요. 크기는 암컷의 절반 정도밖에 되지 않아 사람을 물어도 크게 걱정할 필요가 없어요. 하지만 암컷은 달라요. 암컷에 물린 사람은 빨리 독을 없애 주는 약을 먹어야 해요. 그러지 않으면 죽을 수도 있어요. 다행히 붉은등과부거미는 겁이 많고 움직임도 느려요. 그래서 사람을 무는 경우는 대부분 우연히 사람이 거미를 건드렸을 때예요.

붉은 무늬
다 자란 붉은등과부거미의 몸 위에는 완두콩만 한 붉은 점들이 있어요.

거미집 만들기
붉은등과부거미의 두껍고 복잡한 거미집은 끈적끈적한 거미줄이 땅에까지 닿아 있어요. 지나가던 곤충이 이 거미줄에 닿으면 거미줄이 끊어져요. 곤충이 공중에 매달려 흔들리면 붉은등과부거미는 사냥을 시작해요.

문단이거미

새, 파충류, 작은 포유류에 이르기까지 거미를 잡아먹는 천적은 아주 많아요. 그래서 거미들은 자신을 보호하기 위한 다양한 방법을 찾아냈어요. 은신처에 숨는 거미도 있고, 거미줄에서 뛰어내려 도망가는 거미도 있고, 위험한 동물처럼 위장하는 거미도 있어요. 땅굴을 파고 사는 문단이거미는 땅굴 끝 쪽에 비밀의 방을 만들어요. 이 방에는 문이 있어서 천적이 들어오지 못하게 막을 수 있어요.

게거미는 앉아 있는
꽃 색깔과 똑같이 몸 색깔을 변화시킬 수 있어요. 그래서 천적을 피할 수 있고, 먹이도 쉽게 잡을 수 있어요.

대왕지네
문단이거미의 천적인 대왕지네가 땅굴을 발견하고 안으로 들어오고 있어요.

하나 더 알아보기!

세상에서 가장 위험한 거미는 깔때기거미예요. 아주 큰 독니와 강한 독을 가지고 있어요. 물리면 15분 안에 죽을 수 있어요.

비밀의 방

문닫이거미는 지네 같은 천적이 들어오면 재빨리 비밀의 방으로 들어가 문을 닫아요. 아무것도 발견하지 못한 지네는 결국 돌아가고 말지요.

문

거미 : 문닫이거미 81

곤충을 먹는 식물

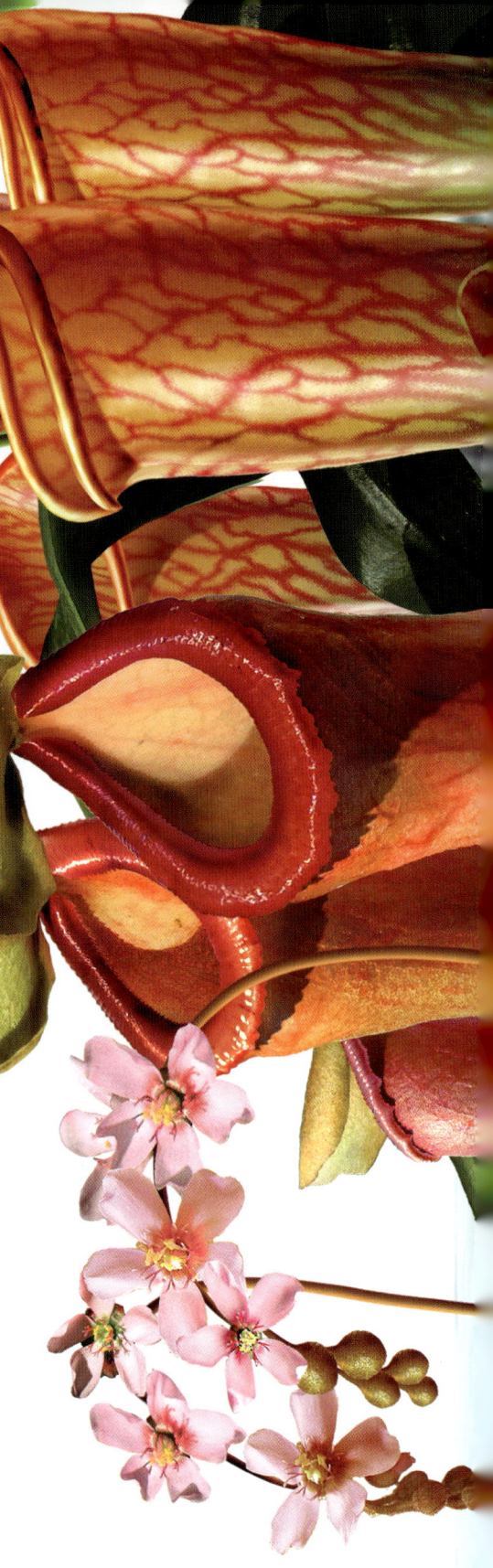

곤충과 거미가 조심해야 하는
포식자는 동물만이 아니에요.
곤충과 거미를 잡아먹는 식물들도 있어요.
그런 식물들을 **식충 식물**(벌레잡이 식물)
이라고 해요. 식충 식물들은 화려한 꽃과 꿀로
곤충과 거미를 **유혹**해 함정에 빠뜨린답니다.
식충 식물이 만든 함정 속에는 곤충과 거미를
녹이는 **소화액**이 들어 있어요.

끈끈이주걱
끈끈이주걱은 끈적끈적한
끈끈이주걱에 내려앉자마자
쩍 달라붙고 말아요.
끈끈이주걱은 달라붙어
있는 곤충을 천천히
소화시켜 먹어요.

끈끈이주걱
화려한 색과 잎에서 나오는 달콤한 즙이 곤충을 불러들여요. 안쪽 붓이 미끄러워서 곤충은 아래로 스르르 미끄러집니다. 아래쪽에는 먹이를 분해시켜 흡수하는 소화액이 있어요.

파리지옥
화려한 색과 달콤한 즙에 파리가 이끌려 잎에 앉은 파리가 놓아왔어요. 파리지옥의 붉은 잎에 앉은 파리가 이리저리 돌아다니다 파리지옥의 감각모를 건드리고 말아요. 그러면 잎이 닫히며 파리는 파리지옥의 먹이가 되고 말아요.

곤충 이야기 : 곤충을 먹는 식물

딱정벌레

딱정벌레라고 부를 수 있는 곤충은 40만 종이 넘어요. 지금도 계속해서 새로운 종이 발견되고 있어요. 딱정벌레는 전체 곤충의 **절반** 정도를 차지하고, 전체 동물의 3분의 1을 차지해요. 딱정벌레는 모두 겉면이 갑옷처럼 딱딱한 **껍데기**에 감싸여 있어요. 또한 딱딱한 딱지날개가 그 밑에 있는 연약한 **속날개**를 보호하고 있어요. 딱정벌레의 턱은 아주 튼튼해서 씹거나 물 수 있어요. 주로 **식물**을 먹지만, 다른 **곤충**을 먹기도 해요.

딱정벌레는 크기, 색, 모양이 다양해요. 바다와 극지방을 제외한 지구의 거의 모든 곳에서 살고 있어요.

불개미붙이
화려한 색깔 때문에 포식자들은 이 딱정벌레가 아주 위험한 곤충이라고 생각해요.

남아메리카하늘소
긴 더듬이 덕분에 3킬로미터나 떨어져 있는 배우자도 찾아낼 수 있어요.

턱
집게처럼 생긴 강한 턱으로 먹이를 잡고 자를 수 있어요.

아프리카비단벌레
작은 털 뭉치 때문에 주변 환경에 묻혀 쉽게 눈에 띄지 않아요.

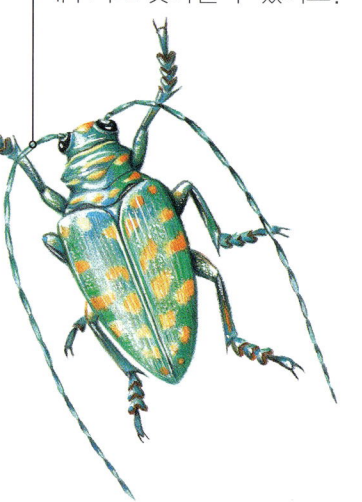

튼튼한 겉껍질
딱정벌레의 겉껍질은 여러 개의 판으로 되어 있어요. 단단한 겉껍질을 구부려 재빨리 움직일 수 있어요.

딱딱한 딱지날개
날아다니지 않을 때는 딱지날개를 접어 속날개를 보호해요.

달리기 챔피언
길앞잡이는 곤충 중에서 가장 뛰어난 달리기 선수예요. 도망가는 개미쯤이야 쉽게 잡을 수 있어요.

하나 더 알아보기!
세상에서 가장 빠른 절지동물은 초록길앞잡이라고 알려져 있어요. 한 시간에 8킬로미터를 갈 수 있답니다.

길앞잡이

길앞잡이는 딱정벌레 중에서도 특히 뛰어난 사냥꾼이에요. 메뚜기, 귀뚜라미, 개미, 파리 같은 곤충을 주로 먹지만, 친구인 딱정벌레를 먹을 때도 있어요. '길앞잡이'라는 이름은, 멀리 날지 못하고 사람들 발 앞에서 날았다가 다시 앞쪽에 내려앉는 모습이, 마치 길을 안내하는 것처럼 보여 붙여진 이름이에요. 커다랗고 예리한 눈으로 주변 상황을 빈틈없이 살피고, 먹이를 발견하면 빠르고 강한 발로 달려가 잡아요. 그러고는 날카롭고 예리한 턱으로 먹이를 죽인 후 먹는답니다.

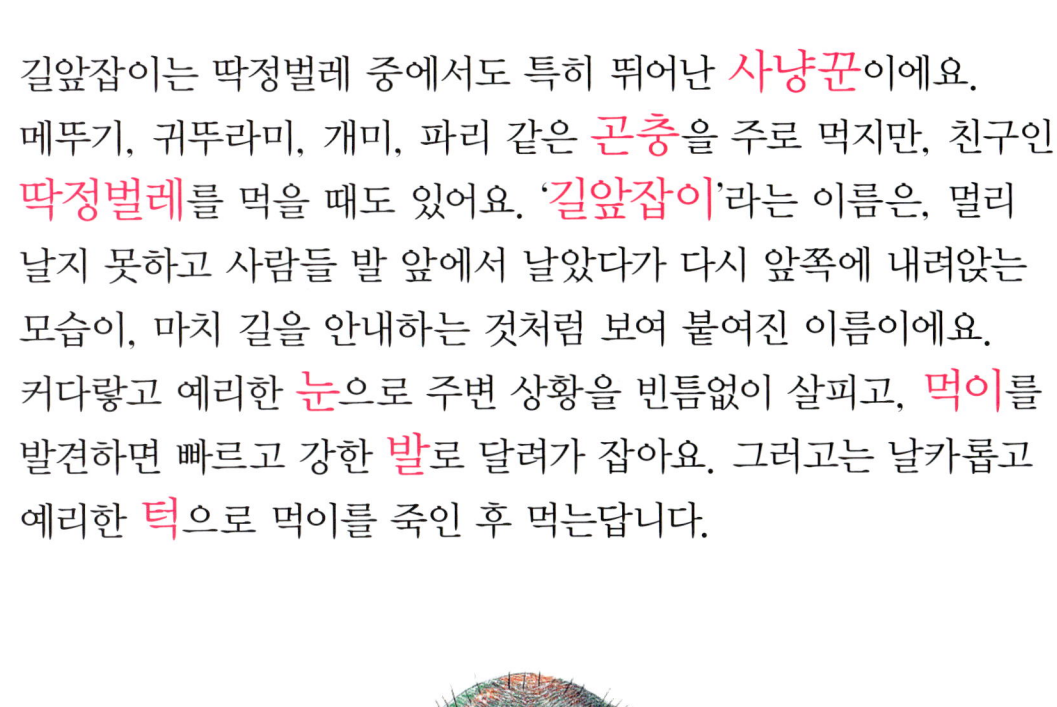

길앞잡이는 긴 갈고리처럼 생긴 날카로운 턱으로 먹이를 잡아 잘게 부숴요.

딱정벌레 : 길앞잡이

곤충들은 걸을 때 한 번에 세 개의 다리를 사용해요. 몸 한쪽에 있는 첫 번째 다리와 세 번째 다리, 반대쪽에 있는 두 번째 다리가 같이 움직이지요. 이쪽 두 개 저쪽 한 개, 그래서 지그재그로 움직여요.

안전하게 땅에 닿아요
높이 뛰어오른 벼룩잎벌레는 다리를 사용해 언제나 원하는 곳에 정확하게 내려앉아요. 벼룩잎벌레는 걸을 수도 있고 날 수도 있어요.

벼룩잎벌레

곤충이라고 모두 날아다니는 건 아니에요. 걸어다니는 곤충도, 기어다니는 곤충도, 높이 뛰어오르는 곤충도 있어요. 벼룩잎벌레는 **벼룩**처럼 뛰어다니는 아주 작은 **딱정벌레**예요. 뒷다리 윗마디가 크게 부풀어 있어서 멀리까지 뛸 수 있어요. 벼룩잎벌레를 만지거나 놀라게 하면 뒷다리 윗마디를 **용수철**처럼 튕겨서 위로 뛰어올라요. 뛰어오른 벼룩잎벌레는 시속 14킬로미터의 **속도**로 빙글빙글 **회전**해요. 내려앉기 전까지 1초에 70번 이상 공중제비를 하는 셈이지요.

뛰어올라요
뒷다리에 있는 이 볼록한 마디 덕분에 잘 뛸 수 있어요. 키틴질로 된 이 마디는 무척 딱딱해요. 이곳에 높이 뛸 수 있도록 에너지를 저장하고 있어요.

무당벌레

무당벌레의 종류는 **5천 종**이 넘어요. 화려한 색과 딱지날개의 무늬 덕분에 무당벌레는 쉽게 알아볼 수 있어요. **딱지날개**는 겉날개가 변한 것으로, 무당벌레가 날지 않을 때는 연약한 **속날개**를 보호하고 감싸는 역할을 해요. 무당벌레는 흔히 붉은색이나 주황색, 노란색이고 그 위에 검은 점이 있어요. 검은 점은 시간이 흐르면 흐려져요. 무당벌레는 식물이나 진딧물 같은 작은 곤충을 먹어요.

날지 않을 때는 속날개를 딱지날개 밑에 접어 두어요.

날고 싶으면 딱지날개를 열어 접어 두었던 속날개를 드러내요.

딱지날개
딱지날개는 겉날개가 변한 거예요. 하지만 날 때 사용하지는 않아요. 무당벌레의 화려한 색 때문에 포식자들은 무당벌레가 맛이 없을 거라고 생각해요. 덕분에 적들을 쫓을 수 있어요.

곤충과 거미

딱지날개를 활짝 편 무당벌레는 속날개를 힘차게 퍼덕거리며 하늘로 날아올라요.

속날개
무당벌레는 날아가는 동안 속날개를 1초에 85번 정도 움직여요.

하나 더 알아보기!
여름이 끝날 무렵이면 수많은 무당벌레들이 한데 모여요. 겨울잠을 잘 장소를 찾기 위해서랍니다.

골리앗장수꽃무지는 세상에서 가장 크고 무거운 딱정벌레예요. 무게가 115그램이나 나가는 것도 있어요.

멋진 뿔
수컷 헤라클레스장수투구벌레 두 마리가 암컷을 차지하기 위해 뿔로 싸우고 있어요.

헤라클레스장수투구벌레

식물을 먹는 헤라클레스장수투구벌레는 세상에서 가장 힘이 센 딱정벌레예요. 자기 몸무게보다 850배나 무거운 물체도 거뜬히 들어올린답니다. 수컷 헤라클레스장수투구벌레는 구부러진 큰 뿔로 다른 수컷과 싸우기도 하고, 암컷의 관심을 끌거나 먹이를 찾기도 해요.

수컷 헤라클레스장수투구벌레 두 마리가 뿔로 상대를 들어올려 내동댕이치려고 안간힘을 쓰고 있어요. 격렬하게 싸우는 것처럼 보이지만 실제로 크게 다치지는 않아요. 대부분 한쪽이 도망가 버리거든요.

암컷 헤라클레스장수투구벌레
암컷은 두 마리 수컷 가운데 한 마리가 이길 때까지 조용히 기다려요. 암컷은 뿔이 없어요.

쇠똥구리

쇠똥구리는 소나 양, 사슴, 코끼리 같은 동물의 배설물을 먹고 살아요. 자기 몸무게보다 많은 양을 하루에 다 먹어 치우지요. 쇠똥구리가 중요한 건 이 때문이랍니다. 엄청난 양을 먹어 치우는 쇠똥구리가 없다면 세상은 동물의 배설물로 뒤덮일 테니까요. 쇠똥구리는 냄새를 아주 잘 맡아요. 신선한 똥 냄새를 맡으면 수킬로미터 밖에서도 날아오지요. 사과만큼이나 큰 똥 뭉치를 굴리는 쇠똥구리도 있어요. 암컷과 수컷은 힘을 모아 똥을 자신들의 굴까지 굴려서 가져가요. 그곳에서 입으로 똥을 짜서 나오는 액체를 마셔요. 암컷은 똥 뭉치에 알을 낳아요. 알에서 깨어난 애벌레는 똥 뭉치를 벗어나기 전까지 이 똥을 먹으며 자란답니다.

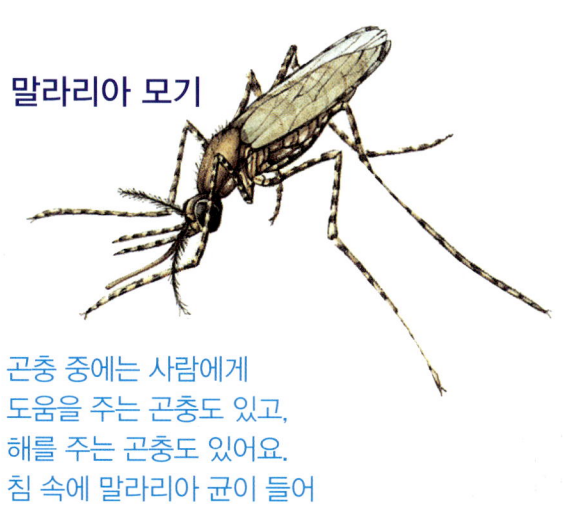

말라리아 모기

곤충 중에는 사람에게 도움을 주는 곤충도 있고, 해를 주는 곤충도 있어요. 침 속에 말라리아 균이 들어 있는 모기가 사람을 물면 사람의 몸속으로 말라리아 균이 들어가요. 말라리아 때문에 죽는 사람은 해마다 2백만 명에서 4백만 명 정도 돼요.

갈퀴가 난 다리
앞다리에 갈퀴가 있어요. 똥 뭉치를 잡거나 굴을 파는 데 좋아요.

머리와 더듬이
삽처럼 생긴 머리와 노처럼 생긴 더듬이로 동물의 배설물을 뭉쳐서 공처럼 만들어요.

똥 뭉치
쇠똥구리라고 해서 모두 똥 뭉치를 만들어 굴리는 것은 아니에요. 대부분은 굴을 판답니다. 배설물이 있는 곳 밑에 굴을 파고 그 속으로 배설물을 가지고 들어가지요.

딱정벌레 : 쇠똥구리

용어 설명

가슴
곤충의 몸에서 가운데 부분. 가슴에 곤충의 다리와 날개를 힘차게 움직이게 하는 근육이 있어요.

거미강
다리가 여섯 개인 곤충과 달리 거미, 전갈, 진드기처럼 다리가 여덟 개인 절지동물 무리.

거미줄
거미가 만들어 내는 아주 가볍고 질기고 탄력 있는 줄. 거미는 거미줄을 쳐서 먹이를 잡고, 알을 보호할 주머니를 만들어요.

겉껍질
근육을 지탱하고 곤충의 부드러운 내부 기관을 보호하는 단단한 바깥 껍데기를 가리키는 말. 곤충이 자라는 동안 겉껍질은 자라지 않기 때문에 겉껍질이 작아지면 곤충은 낡은 겉껍질을 벗어 버려요.

겹눈
수천, 수만 개의 작은 낱눈이 모인 곤충의 눈.

고치
나방 애벌레가 성충이 될 때 번데기를 감싸 보호해 주는, 실로 만든 주머니.

공동체
개미나 흰개미, 꿀벌처럼 한데 모여 사회생활을 하는 동물의 무리.

구더기
개미, 벌, 딱정벌레, 말벌의 애벌레. 보통 다리가 없어요. 다리가 있는 구더기는 작은 털애벌레(나비나 나방의 애벌레)처럼 보여요.

꿀
식물이 만들어 내는 달콤한 액체.

더듬이
머리에 있는 긴 감각 기관으로 냄새를 맡고, 감촉을 느끼고, 소리를 듣는 곳.

독
다른 동물을 죽이거나 마비시키는 화학 물질.

딱지날개
딱정벌레의 연약한 속날개를 덮어 보호하는 단단하고 거친 겉날개.

머리가슴
머리와 가슴이 붙어 있는 거미의 앞부분. 거미는 여기에 다리와 입이 붙어 있고, 안쪽에 위장과 독샘, 뇌가 있어요. 단단한 겉껍질로 덮여 있어요.

방적돌기
거미줄을 뿜는 기관으로, 거미의 배 끝에 있어요.

배
곤충과 거미의 몸 일부분으로 심장, 소화 기관, 호흡 기관, 순환 기관 같은 부드러운 내부 기관이 들어 있는 곳.

배다리
나비와 나방의 애벌레가 나무나 식물을 잡을 때 쓰는 다리. 애벌레가 성충이 되면 배다리는 필요 없기 때문에 떨어져 나가요.

번데기
완전 탈바꿈을 하는 곤충의 애벌레가 반드시 거치는 변화 과정이에요.

성충(어른벌레)
다 자라서 생식 능력이 있는 곤충. 곤충은 일반적으로 애벌레, 번데기, 성충의 시기를 지내요.

소화 기관
곤충이 먹은 먹이가 지나는 동안 먹이를 분해하는 긴 관.

수벌
일벌보다는 크지만 여왕벌보다는 작은 말벌이나 꿀벌의 수컷. 여왕벌의 난자를 수정시키는 일을 하며, 짝짓기가 끝난 후 곧 죽어요.

수서 곤충
살아 있는 동안 내내, 또는 대부분을 물에서 사는 곤충.

수염다리
거미는 다리처럼 생긴 이 감각 기관으로 감촉을 느끼고, 맛을 보고, 냄새를 맡아요.

순환 기관
온몸으로 피를 운반하는 기관. 포유류의 혈액은 산소와 영양분을 운반하기 때문에 붉은색이지만, 곤충의 혈액은 산소를 운반하지 않기 때문에 초록색이에요.

숨문, 기공
동물의 숨구멍을 이르는 말.

신경계
곤충은 더듬이나 눈 같은 감각 기관으로 주변에서 일어나는 일들을 감지해요. 신경은 곤충의 뇌와 감각 기관을 이어 주는 통로이자 신호예요.

애벌레
자라는 동안 점점 모양이 변하는 어린 곤충.

위장
곤충이 천적을 피할 수 있게 해 주는 모양과 색. 주변 환경과 비슷하게 위장한 곤충은 쉽게 눈에 띄지 않아요.

일개미, 일꾼 흰개미, 일벌
사회생활을 하는 곤충의 무리에서 먹이를 구해 오고, 애벌레를 키우는 일을 해요.

절지동물
마디로 된 다리와 몸이 단단한 겉껍질로 둘러싸인 동물들을 말해요. 곤충, 거미, 지네, 노래기, 가재, 게 등이 있어요. 전체 동물의 90퍼센트가 절지동물이에요.

주둥이
액체를 먹는 곤충의 대롱처럼 생긴 입을 말해요.

진동막
매미의 배 끝에 있는 소리를 내는 기관이에요. 근육이 안팎으로 왔다 갔다 하면서 진동막을 치면 소리가 나요.

체액
동물의 몸속에 있는 피, 뇌척수액 등의 액체를 이르는 말.

키틴질
곤충의 겉껍질과 날개를 만드는 단단한 물질.

탈바꿈
어린 곤충이 자라면서 모양이 변하는 과정을 가리키는 말이에요. 알에서 깨어난 애벌레가 번데기를 거쳐 나비가 되는 것처럼 모습이 크게 바뀌면 완전 탈바꿈이라고 해요. 하지만 번데기 시기를 거치지 않고, 애벌레에서 성충이 되면 불완전 탈바꿈이라고 해요. 불완전 탈바꿈은 애벌레가 자라 성충이 되어도 모습이 거의 바뀌지 않아요.

평균곤
파리 같은 곤충이 날 때 날개의 균형을 잡아 주는 조직. 마치 방망이처럼 생겼어요.

포식자
다른 동물을 잡아먹는 동물을 가리키는 말이에요.

포유류
척추동물의 한 종류예요. 허파로 숨을 쉬고, 암컷이 새끼를 낳아 젖을 먹여서 키워요.

홑눈
곤충의 눈은 겹눈과 홑눈이 있어요. 홑눈은 빛을 느끼는 기관이에요.

흉내 내기
천적으로부터 몸을 보호하기 위해 다른 곤충을 흉내 내는 것을 가리키는 말이에요. 동물의 모습을 흉내 내는 곤충이나 거미도 있어요. 포식자는 이런 흉내쟁이 곤충이나 동물을 보면 독이 있거나 먹으면 위험하다고 여겨 피하게 되지요.

•교육과학기술부 인증 우수 과학 도서 •소년한국일보 인증 우수 과학 도서

사실적 입체적 3D 컴퓨터그래픽 과학 백과

3D 컴퓨터그래픽으로 탄생한
사실적이고 입체적인 과학 백과!
내부를 들여다보듯 생생한 그림!

관련 분야 권위자의 **꼼꼼한 감수**를 마친 최신 과학 백과
최첨단 **3D 컴퓨터그래픽**으로 탄생한 사실적이고 입체적인 그림
쉽고 간결한 설명으로 초등학생 누구나 볼 수 있는 **과학 학습 자료**
미국, 영국, 독일 등 **세계 유명 화가들**의 수준 높은 그림

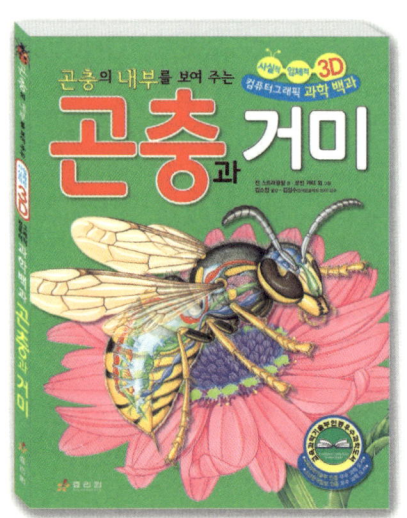

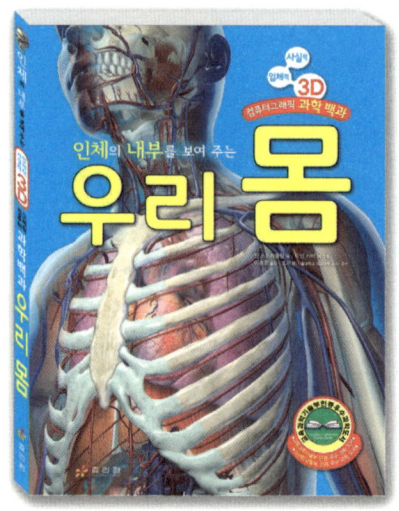

자기 몸무게의 50배가 넘는 먹이도 거뜬히 드는 거미, 다른 동물을 흉내 내는 나비, 전체 곤충의 절반을 차지하는 딱정벌레, 파충류도 잡아먹는 거대한 거미 타란툴라까지! 3D 컴퓨터그래픽으로 탄생한 생동감 넘치는 그림과 쉽고 간결한 설명으로 만나는 최고의 곤충과 거미 백과!

「과학 3-1」 3. 동물의 한살이
「과학 3-2」 2. 동물의 생활

뼈, 근육, 신경, 감각 등 우리 몸을 이루고 있는 모든 조직을 3D 컴퓨터그래픽으로 표현한 인체 백과! 우리 몸의 내부를 들여다보듯 생생한 그림과 쉽고 간결한 설명으로 우리 몸에 대한 궁금증 해결! 우리 몸의 겉과 속을 머리에서부터 발끝까지 여행할 수 있는 놀라운 인체 백과!

「봄 2-1」 1. 알쏭달쏭 나
「과학 6-2」 4. 우리 몸의 구조와 기능

지구는 무엇으로 이루어져 있을까요? 지구의 내부는 어떻게 생겼을까요? 지금 지구에서는 어떤 일이 일어나고 있을까요? 3D 컴퓨터그래픽으로 탄생한 생동감 넘치는 그림과 쉽고 간결한 설명으로 만나는 최고의 지구 백과!

「과학 3-1」 5. 지구의 모습 「과학 3-2」 3. 지표의 변화
「과학 4-1」 2. 지층과 화석 「과학 4-2」 4. 화산과 지진
「과학 5-2」 3. 날씨와 우리 생활
「과학 6-1」 2. 지구와 달의 운동
「과학 6-2」 2. 계절의 변화